体育教学与发展创新研究

周 丹 著

吉林摄影出版社
·长春·

图书在版编目（CIP）数据

体育教学与发展创新研究 / 周丹著. -- 长春 : 吉林摄影出版社, 2023.12

ISBN 978-7-5498-6143-9

I.①体… II.①周… III.①体育教学－教学研究

IV.①G807.01

中国国家版本馆CIP数据核字(2024)第014467号

体育教学与发展创新研究
TIYU JIAOXUE YU FAZHAN CHUANGXIN YANJIU

作　者	周　丹
出版人	车　强
责任编辑	金　怡　贺子刚
封面设计	周书意
开　本	710mm×1000mm　1/16
字　数	200千字
印　张	12.75
版　次	2023年12月第1版
印　次	2024年1月第1次印刷

出　版	吉林摄影出版社
发　行	吉林摄影出版社
地　址	长春市净月高新技术开发区福祉大路5788号
	邮编：130118
网　址	www.jlsycbs.net
电　话	总编办：0431-81629821
	发行科：0431-81629829
印　刷	北京昌联印刷有限公司

ISBN 978-7-5498-6143-9　　　　定价：76.00元

版权所有　　侵权必究

前　言

　　体育教学与发展创新研究是一项至关重要的任务，它不仅关系到个体的身体健康，更关系到整个社会的进步与发展。本研究旨在深入探讨体育教育的现状和问题，以及可能的创新解决方案，以促进体育教育的发展和提高教育质量。体育教育一直被认为是学校教育体系的一个重要组成部分。通过体育教育，学生不仅能够提高身体素质，还能培养团队合作、领导能力以及坚韧不拔的精神品质。然而，当前的体育教育存在着一些问题。一些学校的体育教学仅注重竞技性，忽略了体育锻炼对于身体健康的重要性。一些学生可能因为自身条件的限制而无法参与体育活动，这导致了不平等的教育机会。它可以帮助我们更好地理解当前问题的本质，并提出创新的解决方案。通过深入研究体育教育的现状，我们可以发现其中存在的挑战和机遇。例如，可以采用更多灵活的教学方法，以满足不同学生的需求。引入新的体育项目和活动，可以吸引更多的学生参与体育教育，提高其吸引力和多样性。现代技术可以为体育教育带来新的可能性，例如使用虚拟现实技术来模拟体育比赛，或者利用智能设备来监测学生的运动表现。这些技术创新可以使体育教育更加生动和有趣，吸引更多学生参与。

　　体育教育与发展创新研究是一项具有重要意义的任务。通过深入研究体育教育的现状和问题，并提出创新解决方案，我们可以为提高教育质量，促进社会的进步和发展做出贡献。这不仅关系到学生的身体健康和全面发展，也关系到整个社会的未来。我们希望通过本研究，为体育教育的改进和创新贡献一份微薄的力量，让更多的学生受益。

目 录

第一章 体育教学理论基础 1
- 第一节 传统体育教学理论回顾 1
- 第二节 现代体育教学理论概述 10
- 第三节 体育教学与认知科学的关系 19
- 第四节 技术在体育教学中的应用 29

第二章 发展趋势与需求分析 39
- 第一节 体育教育的发展历程 39
- 第二节 当代社会对体育教学的需求 46
- 第三节 学生对体育教学的期望 54
- 第四节 社会与技术发展对体育教学的影响 62
- 第五节 体育产业的崛起与对教学的影响 67

第三章 教学模式创新 77
- 第一节 翻转课堂在体育教学中的应用 77
- 第二节 项目化学习与体育教学的结合 83
- 第三节 情境教学在体育课堂的实践 89
- 第四节 游戏化学习的体育应用 96
- 第五节 多媒体与虚拟现实在体育教学中的创新 100

第四章 技术与工具在体育教学中的运用 108
- 第一节 体育教学中的智能设备应用 108
- 第二节 数据分析与评估在体育教学中的应用 114

  第三节 虚拟训练与模拟技术的发展……120
  第四节 在线平台与远程教学的实践……122
  第五节 移动应用程序在体育教学的角色……127
  第六节 人工智能与体育教学的未来……133

第五章 学科融合与跨界合作……139
  第一节 体育与其他学科的融合发展……139
  第二节 体育与艺术的跨界合作……147
  第三节 体育与科技的联动创新……152
  第四节 国际间体育教学的经验分享……157
  第五节 行业合作与实践项目……161
  第六节 跨学科研究与创新……166

第六章 教师培训与专业发展……171
  第一节 体育教师培训的现状与问题……171
  第二节 当前对体育教师的素质要求……176
  第三节 教育技术培训与认知更新……181
  第四节 跨学科培训与团队建设……186
  第五节 教育研究与实践经验分享……190

参考文献……196

第一章 体育教学理论基础

第一节 传统体育教学理论回顾

　　传统体育教学理论是我国体育教育长期传承的宝贵经验。它强调坚实的体育基本功，注重规范的技术训练。在传统理论中，传师授业解惑是核心，师徒传承是主要方式。体育教学注重学生的体魄锤炼，倡导严格的纪律，培养团队协作精神。传统体育教学理论注重锤炼学生的体能素质，培养坚韧的体魄，使其在比赛中具备持久战斗力。传统理论强调道德教育，提倡尊师重道德，培养学生的纪律性和团队协作能力。传统体育教学理论也存在一些不足。它偏重基本功训练，忽视了体育教育的多样性和创新性。在竞技体育中，强调胜利可能会忽视对失败的接受和应对能力的培养。传统体育教学理论仍然具有重要的启发意义。它强调了体育教育的根本任务，即培养学生的体能和道德素质。在现代体育教育中，我们可以借鉴传统理论的优点，结合现代教育方法，打造更富创新和综合性的体育教育体系，培养出更全面的体育人才。

一、体育教学的历史背景

　　体育教学的历史背景源远流长，可追溯至古希腊，那时体育被视为培养身心健康的方式，培养优秀公民的手段。古罗马时期，体育活动也蓬勃发展，成为士兵训练的一部分。文艺复兴时期，人们开始重视身体健康，体育教育逐渐。18世纪末，体育教育成为一种正式的教育领域，尤其在欧洲的学校和大学中得以推广。

　　20世纪初，体育教育开始系统化，引入科学方法和技术，如体育锻炼和训练计划。冷战时期，体育教育被用作政治工具，国家争相培养优秀运动员以提升国家威望。

随着时间的推移，体育教学逐渐演变，注重综合发展，强调健康、团队协作和社交技能。今天，全球范围内的体育教育体系不断发展，促进了身心健康和全面教育的实现。

（一）古代体育教育

古代文明中的体育教育是各个文化中的重要组成部分，突显了当时社会的价值观和教育理念。古希腊是体育教育的杰出代表，其奥林匹克运动会成为体育史上的重要事件。古中国也有悠久的武术传统，代表着中国文化的独特之处。

古希腊的奥林匹克运动会始于公元前8世纪，是为了祭祀而举行的竞技活动。这些运动会包括田径、格斗、马术和音乐比赛等多种项目，吸引了来自各地的运动员和观众。奥林匹克运动会的目的不仅是竞技，还包括道德和教育层面。运动员被视为道德模范，他们通过参与比赛来锻炼身体和塑造品格。这反映了古希腊对身体和精神的平衡的追求，以及强调公民道德的价值观。

古中国的武术传统可以追溯到公元前3世纪。武术不仅是一种自卫技能，还是一种哲学和生活方式的体现。武术训练强调身体的柔韧性、力量和技巧，并注重内外平衡。武术家追求的不仅是战斗技巧，还包括道德原则和精神修养。武术传统通过代代相传，形成了多种流派和招式，其中一些被应用于军事训练，同时也是身体健康的手段。这反映了古中国文化中的身体、精神和道德的综合观念。

古希腊的奥林匹克运动会和古中国的武术传统代表了不同文明中体育教育的独特特点。希腊注重竞技和道德，将体育视为公民培养的重要途径。中国的武术则将技艺与哲学、精神和生活方式相结合，体现了内外兼修的理念。这些传统在古代社会中起到了重要的教育和文化作用，并继续影响着今天的体育和武术实践。

（二）现代体育教育的兴起

在19世纪末和20世纪初，体育教育经历了一场重大的改革，这一时期被认为是现代体育教育发展的重要转折点。这个时期的体育教育改革对于塑造当代体育教育体系和价值观产生了深远影响。

19世纪末和20世纪初，体育教育改革强调了体育的教育价值。传统观念中，体育主要被视为娱乐和军事训练的一部分。然而，改革者开始认识到，体育不仅可以提高身体健康，还可以培养品格、领导力和社交技能。这一理念推动了体育教育从简单的体育技能培训向更综合的个体发展方向转变。改革者强调了普及体育教育的重要性。他们认为，体育应该普及到更广泛的学生群体中，而不仅仅是精英运动员。这导致了体育课程的普及化，学校和大学开始提供更多的体育课程，以满足不同年龄和背景的学生需求。

体育教育改革还涉及性别平等问题。19世纪末和20世纪初，女性的参与度在体育领域显著提高。改革者强调女性也应该享有体育教育的益处，并推动了女性体育的发展，促进了性别平等。改革者在这个时期开始倡导科学化的训练方法。他们引入了体育科学和运动生理学的概念，以提高体育教育的效果。这一举措有助于更好地理解身体运动的原理，改善运动员的表现，并减少运动伤害。

19世纪末和20世纪初的体育教育改革在教育价值、普及性、性别平等和科学化方面产生了深远的影响。这些改革奠定了现代体育教育的基础，将体育教育视为全面发展的重要组成部分，为更广泛的群体提供了机会，提高了教育质量，同时也促进了性别平等和运动科学的发展。这些变革塑造了今天的体育教育体系。

（三）体育教育的国际发展

体育教育模式在不同国家和地区之间存在显著的差异，这些差异反映了各国对体育教育的不同理念和教学方法。美国的体育教育注重个人发展和多样性，强调自由选择体育项目。学生可以根据自己的兴趣和能力选择参与的体育活动，这有助于培养他们的自主性和领导能力。

与此不同，中国的体育教育模式更加强调纪律和集体精神。在中国，学生通常需要参加固定的体育课程，包括有氧运动和传统体育项目，如篮球和足球。这有助于培养学生的纪律性和合作精神，但可能会限制他们的自由选择。在欧洲一些国家，体育教育模式强调体育的文化价值和体育的社交性。例如，法国的体育教育注重体育的文化传承，学生学习体育的历史和文化，以增强他们对体育的理解。同样，德国的体育教育强调团队合作和社交技能的培养，学生通常会参加体育俱乐部和团队活动。

另一方面，一些北欧国家如瑞典和芬兰，体育教育更注重个体的健康和自我管理。学生被鼓励参与各种户外活动，如滑雪和远足，以提高身体健康和自我认识。这种模式强调了体育对个体身心健康的重要性。不同国家和地区的体育教育模式反映了各国的文化、教育理念和社会价值观的差异。欧洲一些国家强调文化和社交性，北欧国家强调健康和自我管理。这些不同模式都有其独特的优点和局限性，可以互相借鉴和学习，以丰富和改进各国的体育教育体系。

二、体育教学的教育理论

体育教学的教育理论涵盖广泛，融合多元方法。核心在于个体发展。理论基石包括建构主义，认知心理学，和社会文化理论。建构主义侧重学生的知识构建过程，认知心理学探究思维和学习，而社会文化理论强调社交和文化环境对学习的影响。

理论强调学生的积极参与和问题解决。教师扮演导师角色，鼓励探索和批判性思考。个性化教育受到重视，满足学生的不同需求和能力水平。评估也是重要环节，关注学生的成长和发展。理论鼓励多元评价方法，包括自我评估、同伴评价和教师反馈。体育教学的教育理论注重学生的主动学习和全面发展，将知识与实际运用结合，培养批判性思维和社交技能。这些理论为现代体育教育提供了坚实的理论基础。

（一）教育哲学

不同的教育哲学对体育教学产生了深远的影响。进化主义强调了体育在个体发展中的重要性，实用主义注重实际技能的培养，而进步主义则关注个体的全面成长和社会变革。下面将探讨这些哲学在体育教学中的应用。进化主义认为，体育教育是促进身体和智力发展的关键。它强调运动对个体健康的积极影响，以及运动技能对智力和情感发展的支持。在体育教学中，进化主义鼓励学生参与各种体育活动，以提高他们的身体素质和协调能力。这种方法强调了个体的差异性，鼓励学生根据自身能力和兴趣来选择体育项目。

实用主义强调实际技能的培养和应用。在体育教学中，实用主义者侧重于教授学生各种体育技巧和策略，使他们能够在不同竞技场合中表现出色。实用主义认为，通过掌握这些技能，学生可以在竞技体育中取得成功，同时也可以将这些技能应用到生活中的实际问题中，提高解决问题的能力。进步主义强调个体的全面成长和社会变革。在体育教学中，进步主义者关注学生的整体发展，包括身体、智力和社交方面。他们倡导团队合作、公平竞争和社交技能的培养。进步主义强调了体育的社会意义，认为体育可以培养学生的领导才能和公民责任感。这种方法强调了体育教育在塑造未来社会领导者和积极社会成员中的作用。进化主义、实用主义和进步主义是不同的教育哲学，它们在体育教学中各具特色。进化主义关注身体和智力的发展，实用主义强调实际技能的培养，而进步主义注重全面发展和社会变革。这些哲学为体育教育提供了不同的视角，帮助教育者更好地满足学生的需求，促进他们的综合发展。

（二）教育心理学

心理学原理在体育教学中具有重要作用，包括学习理论、发展心理学和动机理论。这些原理深刻影响了体育教育的设计和实施。学习理论强调了学生的认知过程和学习方式。教师在体育教学中应考虑学生的认知发展水平，以确保教学内容和方法与学生的认知能力相符。学习理论还鼓励教师采用多样化的教育方法，以满足不同学生的学习需求。例如，通过使用问题解决、合作学习和反思活动，教师可以促进学生的深层次理解和知识转移。

发展心理学关注个体的生长和发展过程。在体育教学中，了解学生的身体和认知发展阶段是至关重要的。教师需要考虑学生的生理特征，以确定适当的教学内容和难度。发展心理学还强调了教育的连续性，教育者应关注学生的长期发展，而不仅仅是短期目标的达成。

动机理论涉及激发学生的兴趣和积极性。在体育教学中，教师可以运用动机理论的原则，如设定具有挑战性的目标、提供及时的反馈和奖励，以激发学生的学习兴趣和参与度。了解学生的个体动机和目标有助于个性化教育，满足他们的学习需求。心理学原理在体育教学中扮演着重要角色。学习理论、发展心理学和动机理论为教师提供了有关学生学习和发展的有益见解。通过运用这些原理，教师可以更好地满足学生的需求，促进他们的全面发展，并提高教育质量。在体育教育中,理解和应用心理学原理是成功的关键,有助于培养健康、积极和有动力的学生。

三、体育课程和教学方法

体育课程是学校教育的一部分,旨在培养学生身体素质和运动技能。教学方法多种多样,包括示范、练习和比赛。课程通常包括体操、球类运动、田径等,涵盖不同的运动类型,以满足学生的兴趣和需求。教师在体育课上扮演重要角色,他们应该鼓励学生积极参与、合作与竞争,传授运动技巧和规则。体育课程也应强调健康意识和生活技能,教导学生关于健康饮食和锻炼的知识。总之,体育课程的目标是全面发展学生,培养他们的身体素质、社交技能和健康意识。

(一)体育课程设

体育课程的设计是一个复杂而精细的过程,需要综合考虑多个因素,包括目标设定、教学内容和评估方法。目标设定是体育课程设计的基础。教育者需要明确课程的总体目标,例如,提高学生的身体素质、培养运动技能、促进团队合作等。这些目标应该明确、具体、可衡量,并与学校的教育理念和价值观相一致。教学内容的选择至关重要。内容应该与课程的目标相契合,包括各种体育项目、运动技能和规则。内容应该适应学生的年龄和能力水平,从简单到复杂,由浅入深地组织。教育者还应该关注课程的多样性,包括不同类型的运动和体育活动,以满足不同学生的兴趣和需求。

评估方法是课程设计的重要组成部分。教育者需要制定有效的评估工具,以衡量学生在体育课程中的表现和进步。评估可以包括笔试、口头考试、实际技能测试和项目作业等多种形式。评估应该与课程目标一致,能够全面反映学生的综合能力和成长。教育者还需要考虑课程的组织和进度安排。课程应该按照合理的时间表进行,确保学生有足够的时间来掌握和练习所学内容。课程组织也应考虑到学生的需求和反馈,灵活调整课程内容和教学方法。课程设计还应该考虑到安全和健康因素。教育者需要确保体育活动和运动项目的安全性,提供必要的防护措施和指导。同时,教育者还应该教育学生关于健康和运动的基本知识,以培养健康的生活方式。设计体育课程需要明确目标、选择适当的教学内容、制定有效的评估方法、合理组织课程进度，并关注安全和健康因素。只有综合考虑这些因素，才能设计出有针对性、有效果的体育课程，帮助学生全面发展。

（二）教学方法

体育教学方法多种多样，其中包括指导教学、合作学习和问题解决教学法。这些方法在不同情境下发挥着重要作用，有助于培养学生的体育技能和综合素质。指导教学法强调教师的直接指导和示范。教师在这种方法中扮演主导角色，通过详细的解释和示范来传授技能。这种方法适用于初学者，有助于他们建立正确的动作和技巧基础。指导教学法强调规范和精确性，有助于学生快速掌握基本技能。合作学习是一种强调学生互动和协作的方法。学生在小组中共同学习和训练，通过交流和合作来提高技能。合作学习培养了学生的团队合作、沟通和领导技能。它也有助于建立学生之间的友谊和信任，增强学习的社交维度。

问题解决教学法注重学生的思考和创造性解决问题。学生面临各种挑战性情境，需要独立思考和找到解决方案。这种方法培养了学生的批判性思维、创造力和自主性。问题解决教学法强调学习过程中的反思和探索，有助于学生发展更深层次的理解和技能。不同的体育教学方法各有优势，适用于不同学生和教学目标。指导教学法注重基本技能的教授，合作学习强调社交和协作，问题解决教学法培养思维和创造力。教师可以根据学生的需求和教学情境选择合适的方法，以提供更全面和有针对性的体育教育。综合运用这些方法，有助于培养具备丰富技能和综合素质的学生，为他们的体育发展提供更多可能性。

（三）技术和装备

体育教学中的技术和装备在现代教育中扮演着重要的角色。合理选择和使用这些工具和设备对于提高教育质量至关重要。技术和装备的使用可以增强体育教学的效果。例如，运动追踪器和传感器可以用来监测学生的运动数据，帮助教师更好地了解学生的表现并提供有针对性的指导。视频分析工具可以用来录制和回放体育动作，帮助学生更好地理解和改进他们的技能。虚拟现实技术和模拟器可以创造更真实的体育场景，让学生在安全的环境中练习和体验。这种沉浸式体验可以提高学生的参与度和兴趣，激发他们的学习热情。

选择合适的技术和装备并不容易。教师需要考虑教育目标和学生的需求。例如，如果教育目标是提高学生的体能水平，那么心率监测器和运动追踪器可能是有用的工具。如果教育目标是教授特定的体育技能，那么视频分析工具和虚拟现实模拟器可能更合适。教师还需要考虑技术和装备的可用性和成本。一些高端技术设备可能价格昂贵，不适用于所有学校。因此，教师需要根据学校的资源和预算来做出选择。技术和装备应该是教学的工具，而不是目的。教育的核心是帮助学生发展技能和知识，提高他们的综合素质。因此，选择和使用技术和装备应该有助于实现这些教育目标，而不是仅仅为了追求先进的技术而使用。技术和装备在体育教学中可以发挥重要作用，但选择和使用它们需要谨慎考虑教育目标、学生需求、可用资源和成本等因素。只有合理选择和使用这些工具和设备，才能真正提高体育教学的质量和效果。

四、体育教学的发展和趋势

体育教学一直在不断演变，以适应现代社会需求。现今，技术的迅速发展在体育教学中扮演着重要角色。数字化工具和虚拟现实技术为教育带来新的可能性，提供更丰富的学习体验。个性化教育是体育教学的重要趋势，注重满足学生独特需求，促进自主学习和自我反思。多元文化教育也逐渐崭露头角，强调尊重不同文化背景的学生，推崇多样性和包容性。

另一重要趋势是强调全面发展，包括身体、智力和情感层面。这有助于培养更全面的学生，提升他们的综合素质。可持续发展也成为关注点，体育教学应促进学生对健康和环境的意识，培养可持续生活方式。这些趋势共同塑造了未来体育教学的面貌，使其更加丰富、个性化和有意义。

（一）现代体育教育的挑战

当前全球范围内，儿童和青少年的肥胖率不断上升，这导致了健康问题和生活方式疾病的增加。体育教育需要应对这一挑战，通过提供有效的身体活动和健康教育，帮助学生建立健康的生活习惯。另一个挑战是体育发展不均衡。一些学校和社区可能缺乏足够的资源来支持全面的体育教育，这导致了体育机会的不均等。一些学生可能无法获得高质量的体育教育，从而限制了他们的发展机会。体育教育需要努力消除这种不均衡，确保每个学生都能享受到平等的体育机会。电子产品过多的使用也对体育教育产生了影响。儿童和青少年越来越倾向于沉迷于电子设备，减少了参与体育活动的时间。这不仅影响了身体健康，还可能导致社交隔离和学业问题。体育教育需要应对这一挑战，鼓励学生减少电子媒体的使用，增加体育活动的参与。

体育教育还面临着财政压力和资源不足的问题。一些学校可能因经费有限而无法提供充足的体育设施和教练资源。这可能导致体育教育质量的下降，影响学生的发展。相关部门和学校需要投入更多资源来支持体育教育，确保它能够提供高质量的教育。解决以上这些挑战需要教育机构、相关部门和社会共同努力，确保每个学生都能够享受到平等的体育机会，建立健康的生活方式，以促进学生的全面发展。

（二）技术和创新

利用现代技术和创新方法改善体育教学是当今教育领域的重要趋势之一。虚拟现实（VR）和在线教育等技术正在为体育教学带来深远的变革。虚拟现实技术已经成为体育教学的强大工具。通过VR头盔和交互式模拟，学生可以身临其境地参与各种体育活动，如篮球、足球或游泳。这种沉浸式体验有助于提高学生的技能水平和运动认知。学生可以在虚拟环境中模拟比赛情境，从而更好地理解战术和策略。VR还可以用于身体解剖学教育，帮助学生更深入地了解人体结构和运动机制。在线教育平台为体育教学提供了更灵活的学习方式。学生可以通过网络学习体育课程，根据自己的时间和地点进行学习。在线课程可以提供多媒体教材、视频示范和实时反馈，帮助学生远程学习和提高技能。这对于那些无法参加传统体育课程的学生或需要更个性化学习的学生来说是一种宝贵的选择。

数据分析和智能技术也在体育教学中发挥作用。传感器和监测设备可以追踪学生的运动表现，提供详细的数据和反馈。教师可以利用这些信息来个性化教学，识别学生的弱点并制定有针对性的训练计划。智能教练应用程序也可以为学生提供即时建议和指导，帮助他们改善技能。现代技术和创新方法为体育教学带来了巨大的潜力。虚拟现实、在线教育、数据分析和智能技术等工具提供了更多的机会，使体育教育更具多样性、灵活性和个性化。这有助于提高学生的技能水平、增强他们的学习体验，并为未来的体育教育提供了更广阔的前景。通过充分利用这些技术和方法，我们可以更好地满足学生的需求，推动体育教育的不断发展。

（三）体育教育的未来

体育教育的未来充满了潜力和机遇。随着社会的不断变化和教育理念的发展，体育教育将面临新的发展趋势和改革方向。未来的体育教育可能会更加注重个体发展。教育者将更加关注学生的个性和需求，采用个性化教学方法，以满足不同学生的需要。这意味着体育教育将更加灵活，更注重学生的自主性和参与度。体育教育可能会更加注重健康和全面发展。随着健康意识的增强，体育教育将不仅仅关注体能的提高，还会强调心理健康、社交技能和情感发展。学生将学会如何管理自己的身体和情感，以应对生活中的各种挑战。未来的体育教育可能会更加融入技术和创新。虚拟现实、人工智能和大数据分析等技术将被广泛应用于体育教育中，以提高教学效果和学生参与度。这将使体育教育更加生动和有趣。

体育教育的未来也可能涉及更多的跨学科合作。体育教育将与其他学科如健康科学、心理学和社会学等更紧密地联系起来，以提供更综合的教育体验。体育教育的未来可能会更加强调全球化和多元文化。未来的体育教育将面临许多新的发展趋势和改革方向，包括个体发展、健康全面发展、技术应用、跨学科合作和多元文化等方面。这些趋势将为体育教育提供更多机会，促使其不断发展和创新，以更好地满足学生的需求和社会的要求。体育教育将继续在培养未来一代的身体和心智健康方面发挥关键作用。

第二节　现代体育教学理论概述

现代体育教学理论是基于研究和实践的深入探讨，旨在优化体育教育的效果。它们在多个方面推动了体育教育的发展。现代体育教学理论注重个体差异性。它们认为每个学生都是独特的，具有不同的身体能力、学习风格和兴趣。因此，教育者应该个别对待学生，根据他们的特点制定教学计划，以确保每个人都能够取得进步。现代体育教学理论强调学生参与的重要性。它们认为学生应该积极参与体育活动，而不仅仅是被动接受知识。通过实际参与，学生可以更好地理解和应用体育知识，培养技能和自信心。现代体育教学理论强调综合发展。它们认为体育教育不仅仅是身体锻炼，还应包括认知、情感和社交方面的发展。学生需要培养团队合作、领导技能和道德价值观，以建立全面的素质。现代体育教学理论关注教育技术的应用。它们认为现代技术可以增强体育教育的效果，例如使用视频分析来改进技能、在线资源来扩展学习机会，以及电子健康记录来追踪学生的进展。现代体育教学理论强调教育者的角色。它们认为教育者应该充当指导者和激励者的角色，鼓励学生自主学习和自我管理。教育者需要不断更新知识，保持与最新发展保持同步，以提供高质量的体育教育。现代体育教学理论强调个体差异性、学生参与、综合发展、教育技术的应用和教育者的角色。这些理论为体育教育提供了更科学、更有效的方法，旨在培养全面发展的学生。在不断发展的教育环境中，这些理论的应用将继续推动体育教育的进步。

一、体育教学理论的基础

体育教学理论的基础是教育学、运动科学等多学科的研究成果的综合应用。这些理论构建了体育教育的理论框架，为体育教学的设计和实践提供了指导。教育学提供了体育教学理论的理论基础。教育学研究教育的原理、方法和实践，为体育教育提供了教育目标、教学策略和评估方法等方面的重要观点。教育学强调个体差异和教育的个体化，这对体育教学中的个体化教学计划和学生需求的考虑非常重要。运动科学是体育教学理论的另一个关键组成部分。运动科学研究运动的生理、生物力学和运动控制等方面，为体育教学提供了关于身体活动和运动技能的深刻理解。这有助于制定有效的体育课程，促进学生的身体素质和技能发展。

社会科学也在体育教学理论中发挥了作用，特别是在探讨体育的社会影响、文化差异和体育与社会问题的关系方面。这有助于更好地理解体育的社会背景和文化影响，为体育教育提供更全面的视角。体育教学理论还受到教育技术和现代教育方法的影响。教育技术的发展为体育教学提供了新的教学工具和资源，如虚拟现实、在线学习平台和数据分析工具等。这些技术有助于提高体育教学的效果和效率。体育教学理论的基础包括教育学、运动科学、心理学、社会科学和教育技术等多学科的研究成果。这些理论为体育教育提供了理论支持和指导，有助于促进学生的全面发展和提高体育教学的质量。

（一）教育哲学的应用

不同的教育哲学对现代体育教学产生了深远的影响，其中包括建构主义、人本主义和社会学习理论。建构主义强调学生通过建立知识的个人理解和体验来学习。在现代体育教学中，建构主义理论的应用包括鼓励学生积极参与体育活动，通过实际经验和自我反思来构建运动知识。教育者可以设计具有挑战性的体育任务，鼓励学生主动解决问题和发展技能，而不仅仅是传授知识。这种方法强调学生的自主性和参与度，有助于培养他们的批判性思维和问题解决能力。

人本主义教育哲学强调个体的全面发展和情感健康。在现代体育教学中，人本主义理论的应用意味着关注学生的情感和社交需求，以及建立积极的教室氛围。教育者应该建立亲近的师生关系，了解学生的个人背景和兴趣，以创造有利于学习和发展的环境。人本主义还强调体育的乐趣和自我价值，鼓励学生积极参与运动，提高自尊心和自信心。社会学习理论强调学习是一种社会过程，通过观察和模仿他人来实现。在现代体育教学中，社会学习理论的应用包括强调合作和团队合作。教育者可以组织学生之间的合作活动，鼓励他们相互学习和支持。这种方法强调了学生之间的互动和社会化，有助于培养团队合作、沟通和领导技能。

建构主义、人本主义和社会学习理论为现代体育教学提供了不同的教育视角。建构主义强调个体建构知识的过程，人本主义关注全面发展和情感健康，社会学习理论强调社会互动和合作。教育者可以根据这些理论的原则，设计体育课程和教学方法，以更好地满足学生的需求，促进他们的全面发展和学习。

（二）教育心理学的原理

教育心理学原理在体育教学实践中扮演着至关重要的角色。学习理论、发展心理学和动机理论是三大关键领域，它们深刻指导着体育教学的实际操作。学习理论强调了学生在学习过程中的认知活动和知识获取方式。在体育教学中，理解学生的认知水平和学习风格至关重要。教师需要根据学生的需求和能力水平，选择合适的教学策略和方法。学习理论还鼓励积极参与和实践，因此，教师应该提供丰富的实际体验和问题解决机会，以促进学生的深层次理解和技能发展。

发展心理学关注个体的生长和发展过程。在体育教学中，了解学生的发展阶段有助于个性化教育。不同年龄段的学生具有不同的身体能力和认知发展水平，因此，教师需要调整教学方法和目标，以适应这些变化。发展心理学还提醒我们，教育是一个连续的过程，需要持续关注学生的长期发展，而不仅仅是短期目标的达成。动机理论涉及激发学生的兴趣和积极性。在体育教学中，教师需要了解学生的个体动机和目标，以激发他们的学习兴趣。动机理论强调设定具有挑战性的目标、提供及时的反馈和奖励，以增强学生的自我动力。教师还可以利用学生的个人兴趣来设计课程内容，使学习更加有吸引力。教育心理学原理为体育教学提供了有益的指导。学习理论鼓励积极参与和实践，发展心理学强调个体差异和发展阶段，动机理论帮助激发学生的积极性。教师可以根据这些原理，个性化教育，为学生提供更有效的体育教育。通过深入理解学生的认知、发展和动机特点，教育者可以更好地满足学生的需求，促进他们的全面发展，并提高教育质量。这些原理为现代体育教育提供了坚实的理论基础，有助于培养更全面的体育人才。

（三）体育科学的角色

运动生理学、生物力学和运动心理学是体育科学领域的重要分支，它们在体育教学中起着关键作用。运动生理学研究运动对人体的生理影响。它探讨了运动时心血管、呼吸、代谢和肌肉系统的变化。在体育教学中，运动生理学可以帮助教师和学生了解运动时身体的反应，包括心率、氧气摄入和乳酸阈值等。这些知识可以用来优化训练计划，提高体育表现，同时降低受伤风险。

生物力学研究运动的力学原理，包括运动的力、速度和加速度。在体育教学中，生物力学可以帮助教师和学生理解体育动作的力学原理，如跳跃、投掷和击打。通过分析运动的生物力学特征，教师可以提供更精准的技术指导，帮助学生改善动作的效率和效果。运动心理学研究运动员的心理状态和行为。在体育教学中，运动心理学可以帮助学生管理竞技压力、焦虑和自信心等心理因素。教师可以教授心理技巧，如冷静自信、目标设定和注意力控制，以提高学生在比赛中的表现。运动心理学还可以帮助学生更好地理解竞技体育的心理挑战，并提高体育道德和职业道德。运动生理学、生物力学和运动心理学在体育教学中具有重要作用。它们帮助学生更好地理解运动的生理和力学原理，提高运动技能，并应对心理挑战。这些体育科学领域的知识和应用有助于培养出色的运动员，提高体育教育的质量和效果。

二、现代体育课程和教学方法

现代体育课程和教学方法已经经历了深刻的变革，以适应不断变化的教育需求和社会背景。这些变革反映了对于体育教育更全面和多样性的理解，也为学生提供了更丰富和有挑战性的学习体验。现代体育课程强调全面发展。不再只关注体育技能的传授，现代体育教育更注重学生的身体健康、社交技能和情感智力。课程内容涵盖了各种体育活动、健康教育、团队合作和领导技能培养，旨在培养学生的多维素质。个性化教育已经成为现代体育课程的关键。教师越来越注重学生的个体需求和能力水平。通过设定个性化目标、提供定制化反馈和差异化教学，教师能够更好地满足每个学生的需求，确保他们获得最大的学习效益。现代体育教育借助技术的力量实现了更多创新。虚拟现实、视频分析、移动应用程序等工具被广泛应用于体育课堂。这些技术提供了更丰富的学习资源和互动性，帮助学生更好地理解和应用体育知识。

传统的教练中心教学模式被拓宽，包括了问题解决、合作学习和自主学习等方法。学生被鼓励思考和参与，不再是被动接受知识的对象。这有助于培养学生的批判性思维和自主性。现代体育课程和教学方法更注重全面发展、个性化教育、技术创新和多样性。这些变革有助于提高学生的综合素质，培养具备身体健康和社交技能的个体。现代体育教育已经不再局限于传统的体育运动，而是更关注学生的全面发展和生活技能培养，为未来的体育教育提供了更广阔的前景。通过不断创新和适应变化，现代体育教育将继续满足学生的需求，推动教育领域的发展。

（一）体育课程设计

设计综合性的体育课程需要依托于明确的目标设定、精心选择的课程内容和有效的评估方法，以确保学生获得全面的体育教育。目标设定是体育课程设计的关键。教育者应明确课程的总体目标，例如，提高学生的身体素质、培养运动技能、促进团队合作等。这些目标应该具体、可衡量，旨在满足学校的教育理念和价值观。课程还应考虑学生的不同需求和能力水平，以确保每个学生都有机会实现这些目标。课程内容的选择至关重要。内容应该与课程的目标相契合，包括各种体育项目、运动技能和规则。内容的选择应该考虑到学生的年龄和能力水平，从简单到复杂，由浅入深地组织。课程内容还应具有多样性，包括不同类型的运动和体育活动，以满足不同学生的兴趣和需求。

评估方法是课程设计的重要组成部分。教育者需要制定有效的评估工具，以衡量学生在体育课程中的表现和进步。评估可以包括笔试、口头考试、实际技能测试和项目作业等多种形式。评估应与课程目标一致，能够全面反映学生的综合能力和成长。评估方法还应具有适当的难度和挑战性，以激发学生的学习动力。课程设计还应考虑到资源和时间的因素。教育者需要确定可用的教育资源，包括体育设施、教材和教练资源，以支持课程的实施。课程的时间安排也应合理，确保学生有足够的时间来掌握和练习所学内容。设计综合性的体育课程需要明确的目标设定、精心选择的课程内容和有效的评估方法，以确保学生获得全面的体育教育。教育者应根据学生的需求和能力水平，合理组织课程，提供多样性的教学内容，以促进学生的全面发展。同时，教育者还应考虑资源和时间的因素，以确保课程的顺利实施。

（二）教学方法和策略

在现代体育教学中，有三种常用的教学方法，它们分别是协作学习、个性化教学和游戏化教育。这些方法能够在实际教室中帮助教师更好地满足学生的需求，提高教育质量。协作学习是一种强调学生之间互动和合作的方法。在体育教学中，教师可以设计各种团队项目，要求学生共同合作解决问题或完成任务。这有助于培养学生的团队合作技能和社交能力。教师可以创建小组，并确保每个学生都有机会参与，促进平等合作。个性化教学注重满足每个学生的独特需求和学习风格。在体育课堂上，教师可以通过了解学生的体能水平和兴趣来个性化课程。一种方法是设定个性化的学习目标，让学生在自己的水平上有挑战性的任务。教师还可以提供个性化的反馈和额外支持，以确保每个学生都能成功。游戏化教育将游戏元素融入教学中，以提高学生的参与度和兴趣。在体育教育中，游戏化方法可以包括比赛、竞赛和挑战性活动。教师可以将课程内容转化为有趣的游戏，激发学生的竞争意识和求知欲。这种方法可以让学生更加积极参与，并提高他们的学习动力。

要在实际教室中应用这些方法，教师需要深入了解每个学生的需求和特点。协作学习需要精心设计团队项目，确保每个学生都能发挥自己的优势。个性化教学要求教师与学生建立密切联系，了解他们的学习风格和目标。游戏化教育需要创造有趣而具有挑战性的教学活动，以激发学生的兴趣和积极性。协作学习、个性化教学和游戏化教育是现代体育教学中常用的方法，它们有助于提高学生的学习体验和成就。教师可以根据学生的需求和教育目标选择适当的方法，并灵活运用它们，以提高体育教育的效果。这些方法为教育者提供了丰富的工具，有助于培养更全面的体育人才。

（三）课外活动和特殊需求学生

在体育教学中，考虑课外活动和特殊需求学生，如残疾人士和高水平运动员，是关键的。这需要巧妙地融合不同需求和背景，以创造一个包容和有益的教育环境。对于课外活动，教师可以鼓励学生将体育课上所学应用到课外活动中。这有助于将体育教育与学生的日常生活联系起来，提高他们的兴趣和参与度。同时，教师可以积极了解学生参与的课外活动，以便更好地了解他们的兴趣和需求。

对于残疾人士，体育教育需要提供适当的支持和适应性。这包括提供适合残疾学生的体育项目和设备，以确保他们能够参与体育活动。教师还应该接受专业培训，以了解如何有效地教授残疾学生，并提供必要的支持和鼓励。重要的是，体育教育应强调包容和尊重，促使所有学生感到自己的参与是有价值的。对于高水平运动员，教育机构应该提供弹性的教育安排，以满足他们的训练和比赛需求。这可能包括灵活的上课时间表、在线教育资源和个性化的学习计划。教师应该与运动员和他们的教练紧密合作，确保他们在学业和体育之间取得平衡，并能够充分发展。体育教育应该强调团队合作和相互尊重。学生应该被教导如何欣赏和尊重不同背景和能力水平的同学。这有助于培养包容性和多元化的教育氛围。在体育教学中考虑课外活动和特殊需求学生需要综合的方法。这包括鼓励学生将体育教育与课外活动联系起来，提供适应性支持给残疾学生，满足高水平运动员的训练需求，以及强调团队合作和尊重。通过这些措施，体育教育可以更好地满足不同学生的需求，促进他们的全面发展和成功。

三、现代体育教育的趋势和创新

当谈及现代体育教育的趋势和创新时，我们可以观察到多个重要方面的发展。个性化教育已成为主要趋势之一。体育教育现在更注重满足学生的个体需求，以促进他们的自我发展。学生可以选择自己感兴趣的体育项目，并制定适合自己的锻炼计划，这有助于提高他们的参与度和学习效果。技术的广泛应用已经成为现代体育教育的重要创新。虚拟现实技术和运动追踪设备等工具使学生可以更生动地参与体育活动。教师可以使用视频分析工具来改进学生的技能，并通过在线平台提供教学资源和指导。这些技术的应用不仅增加了学习的趣味性，还提高了教育的效果。健康和全面发展的概念在现代体育教育中得到了重视。除了体能训练，学生还学习如何管理自己的健康，包括营养、心理健康和社交技能。这有助于培养学生的全面素质，使他们在生活中更加成功。跨学科合作也是现代体育教育的趋势之一。体育教育与其他学科如健康科学、心理学和社会学等更加紧密地融合。这有助于提供更综合的教育体验，使学生能够将体育知识与其他学科的知识相结合，更好地理解体育的复杂性。全球化和多元文化的考虑也对现代体育教育产生了影响。学生有机会学习不同国家和文化的体育传统和价值观。现代体育教育的趋势和创新包括个性化教育、技术应用、健康全面发展、跨学科合作和多元文化考虑。这些发展将使体育教育更具吸引力和有效性，有助于学生的全面发展和成功。体育教育将继续在塑造未来一代的身体和心智健康方面发挥重要作用。

（一）技术在体育教育中的应用

现代技术已经在体育教学中取得了显著进展，包括虚拟现实、视频分析和电子健康记录等工具，它们为学生提供了更丰富的体育参与和学习体验。虚拟现实技术（VR）已经在体育教学中广泛应用。通过虚拟现实头戴设备，学生可以模拟参与各种体育运动和活动，而无须离开教室。这使得学生能够亲身体验各种运动项目，提高了他们的参与度和兴趣。VR还可以用于模拟比赛场景，帮助学生提前准备比赛，增加自信心。视频分析工具已经成为体育教学的重要辅助手段。教育者可以使用视频来记录学生的运动技能，然后通过分析和反馈来改进他们的表现。这种实时反馈有助于学生更好地理解自己的技能和错误，从而更快地改进。视频分析也可以用于比较学生和专业运动员的表现，激发学生的学习动力。

电子健康记录系统也在体育教学中发挥了作用。学生可以使用电子健康记录来追踪他们的体能和健康数据，包括心率、步数、睡眠等。这有助于学生更好地了解自己的身体状况，制定个人健康和锻炼计划。教育者还可以使用这些数据来个性化教学，根据学生的健康需求调整体育课程。移动应用程序和在线平台也为学生提供了更多的学习资源和互动机会。学生可以通过手机应用程序获取体育课程的资料、视频教程和在线测验。这使得学生可以在课堂之外继续学习和锻炼，增强了他们的学习参与度。虚拟现实、视频分析、电子健康记录等现代技术在体育教学中的应用丰富了学生的参与和学习体验。这些工具提供了更多的互动和反馈机会，帮助学生更好地理解和改进自己的运动技能，同时也激发了他们的学习动力。在不断发展的技术环境下，这些工具将继续改善体育教育的质量和效果。

（二）开放教育资源

开放教育资源（OER）、在线课程和数字学习平台已经彻底改变了体育教育的交付方式。这些创新技术为学生提供了更多选择和便利性，也为教育者提供了更多的工具和资源，从而推动了体育教育的现代化和全球化。开放教育资源（OER）已经成为体育教育的宝贵资产。教育者和学生可以免费获取高质量的体育教材、视频教程和课程内容。这为教育者提供了更多的灵活性，可以自由地选择和定制教材，以满足学生的需求。学生也受益于更多的学习资源，可以自主学习和探索不同领域的体育知识。在线课程已经改变了传统课堂的概念。学生可以通过互联网参加在线课程，不受地理位置和时间的限制。这种灵活性使得体育教育可以更广泛地传播，吸引全球学生。在线课程还提供了更多的多媒体和互动性，可以更生动地呈现体育概念和技巧。同时，学生可以通过在线讨论和互动与教育者和同学互动，提高了学习的社交性。数字学习平台为教育者提供了更多工具来跟踪学生的进度和表现。教育者可以使用分析工具来评估学生的学习成绩和需求，以便个性化教育。这种实时反馈和数据分析有助于优化教学方法，提高教育质量。同时，学生也受益于这些平台,可以更好地了解自己的学习进度和弱点。

开放教育资源、在线课程和数字学习平台已经彻底改变了体育教育的交付方式。这些创新技术提供了更多选择、便利性和多样性,促进了体育教育的全球化和现代化。教育者可以更好地满足学生的需求,提供高质量的教育资源,提高教育效果。未来,这些趋势将继续塑造体育教育的未来,为更多学生提供更好的教育机会。

(三)教育政策和社会变革

政府和社会对体育教育的政策和社会变革对体育教学产生了深远的影响。其中包括体育平等、性别平等和多元文化教育等方面的影响。政府通过制定体育教育政策,提供资金支持,以确保体育教育的普及和发展。这种政策支持可以促进学校提供更多的体育课程和设施,提高教师的培训水平,以及促进体育教学的质量和多样性。性别平等在体育教育中越来越受到关注。这包括提供平等的体育机会和资源,并提高女性参与体育的机会和意愿。多元文化教育也在体育教育中得到了强调。政府和社会鼓励学校提供多元文化的体育教育,包括不同国家和文化的体育项目和价值观,同时丰富了体育教学的多样性。

政府和社会对残疾人士的体育教育也投入了更多的关注。政策和资源的支持使得残疾学生能够更容易地参与体育教育,并充分发展他们的潜力。这有助于促进社会的包容性和平等。

通过这些措施,体育教育可以更好地满足不同学生的需求,促进他们的全面发展和成功。

第三节 体育教学与认知科学的关系

体育教学与认知科学之间存在着紧密的关系,认知科学研究人类思维、学习和知觉的过程,为体育教学提供了重要的理论基础和方法论支持。认知科学的研究成果有助于深入理解学生在体育教学中的认知过程。教育者可以利用认知科学的原理来分析学生如何获取、处理和存储关于运动技能和战术的信息。这有助于个性化教学,根据学生的认知特点和需求调整教学方法。

认知科学的研究提供了有效的学习策略和记忆技巧，可以应用于体育教学中。例如，研究表明，分段学习和反复练习有助于记忆和技能的巩固。教育者可以利用这些策略来设计体育课程，帮助学生更好地掌握运动技能和规则。认知科学还研究了问题解决、决策制定和情感管理等认知能力，这些都与体育教学密切相关。体育比赛和活动通常需要学生在有限的时间内做出决策，因此教育者可以通过教授决策制定和问题解决的策略来提高学生的综合运动能力。

认知科学也探讨了学习动机和情感对学习的影响。在体育教学中，学生的动机和情感状态对他们的参与和学习体验至关重要。教育者可以借鉴认知科学的研究成果，采取激发学生兴趣、提高学习动力的策略，创造积极的学习氛围。认知科学还提供了评估学生认知能力的方法。通过认知评估，教育者可以了解学生的认知水平和学习需求，为个性化教学提供依据。这有助于教育者更好地调整课程和教学方法，以满足学生的认知需求。体育教学与认知科学之间的关系紧密相连。认知科学的研究成果为体育教学提供了理论基础和方法支持，帮助教育者更好地理解学生的认知过程、提供有效的学习策略和提高学生的综合认知能力。这种交叉学科的合作有助于提高体育教育的质量和效果。

一、认知科学在体育教学中的基础

认知科学在体育教学中构建了坚实的基础，深刻影响着如何理解、教授和评估体育技能、战术和运动表现。认知科学关注学习和记忆的过程，为体育教学提供了重要的理论框架。它研究了学生如何获取、处理和存储关于运动技能和战术的信息。这对教育者来说是关键的，因为他们需要了解学生的认知特点和需求，以便更好地设计教学方法和策略。认知科学提供了有效的学习策略和记忆技巧，可以应用于体育教学中。例如，研究表明，反复练习和分段学习有助于记忆和技能的巩固。教育者可以利用这些策略来设计体育课程，帮助学生更好地掌握和运用各种运动技能。认知科学还研究了问题解决、决策制定和情感管理等认知能力，这些在体育教学中也具有重要价值。体育比赛和活动通常需要学生在有限的时间内做出决策，因此教育者可以通过教授决策制定和问题解决的策略来提高学生的综合运动能力。

认知科学还关注了学习动机和情感对学习的影响。在体育教学中，学生的动机和情感状态对他们的参与和学习体验至关重要。教育者可以借鉴认知科学的研究成果，采取激发学生兴趣、提高学习动力的策略，创造积极的学习氛围。认知科学还提供了评估学生认知能力的方法。通过认知评估，教育者可以了解学生的认知水平和学习需求，为个性化教学提供依据。这有助于教育者更好地调整课程和教学方法，以满足学生的认知需求。认知科学为体育教学提供了坚实的基础。它的研究成果帮助教育者更好地理解学生的认知过程、提供有效的学习策略和提高学生的综合认知能力。这种交叉学科的合作有助于提高体育教育的质量和效果，为学生提供更富有意义的学习体验

（一）认知科学概述

认知科学是研究人类思维和知觉过程的跨学科领域，包括学习、记忆、思维和知觉等核心概念。这些概念在体育教学中有着重要的应用。学习是认知科学的核心概念之一。学习涉及获取新知识和技能，以及将它们应用于实际情境。在体育教学中，学生需要学习各种运动技能和战术，如传球、射门、团队合作等。教育者可以应用学习理论，设计有针对性的教学方法，帮助学生更好地掌握这些技能。

记忆是认知科学的另一个关键概念。记忆涉及将信息存储在大脑中，以便将来检索和使用。在体育教学中，学生需要记忆运动技能和战术的规则和策略。教育者可以应用记忆研究的原理，设计记忆辅助工具和技巧，帮助学生更好地记忆和应用体育知识。思维是认知科学的核心概念之一，涵盖了问题解决、决策制定和创造性思维等方面。在体育教学中，学生需要思考如何应对比赛中的不同情境、制定战术策略和解决技术问题。教育者可以运用思维心理学的原理，培养学生的批判性思维、问题解决能力和战术创新。知觉是认知科学的核心概念之一，研究人类如何感知和理解外部世界。在体育教学中，学生需要通过感知来掌握运动技能和战术的细节，例如观察对手的动作、判断球的速度和方向等。教育者可以应用知觉研究的原理，设计教学方法和练习，帮助学生提高感知和观察的能力。认知科学的核心概念，包括学习、记忆、思维和知觉，在体育教学中具有重要的应用。教育者可以借鉴认知科学的研究成果，设计更有效的教学方法和策略，以促进学生的综合认知能力和运动技能的发展。这有助于提高体育教育的质量和效果，为学生提供

更丰富和有意义的学习体验。

（二）学习理论

不同的学习理论在体育教学实践中起着关键作用，它们为教育者提供了多样性的方法和策略，以满足学生的学习需求。行为主义理论强调外部刺激和反应之间的关系。在体育教学中，这意味着强调反复练习和强化，以帮助学生形成正确的运动技能。教育者可以使用明确的目标和奖励系统来激励学生，鼓励他们在技能方面取得进步。行为主义理论也强调了建立清晰的规则和指导，以确保学生理解所需的行为。构建主义理论认为学习是一个主动的过程，学生通过积极参与和建构知识来学习。在体育教学中，教育者可以鼓励学生思考和探索运动技能，而不仅仅是被动接受指导。这可以通过提供问题解决情境、鼓励学生自主实验和反思来实现。构建主义理论也强调了学生之间的合作和社交学习，教育者可以创建团队项目和合作活动，以促进学生之间的知识共建。社会认知理论强调了学习者从观察和互动中获取知识。在体育教学中，教育者可以示范运动技能，以便学生能够模仿和学习。社会认知理论还强调了反馈和自我调节的重要性。教育者可以为学生提供及时的反馈，并鼓励他们自我监控和改进技能。

不同的学习理论为体育教学提供了多样性的方法和策略。行为主义强调了反复练习和强化，构建主义强调了学生的主动参与和知识建构，社会认知理论强调了观察和互动。教育者可以根据学生的需求和教学目标选择适当的理论和方法，以提高体育教育的效果。这些理论为教育者提供了更多的工具和指导，有助于培养更全面的体育人才。通过综合运用这些理论，教育者可以更好地满足学生的需求，推动体育教育的不断发展。

（三）认知发展

认知发展涉及不同阶段和原则，对于体育教学方法的调整具有重要意义。了解学生的认知水平并根据其需求进行教学是关键。认知发展的阶段通常分为若干阶段，从婴儿期到成年期。儿童在不同的阶段具有不同的认知能力和需求。例如，幼儿时期，他们的认知主要是感觉和运动导向的，因此体育教学应注重基本动作和感知技能的发展。青少年时期，认知能力逐渐增强，可以更深入地理解战术和策略，体育教学可以更加复杂和战术化。成年期的学生已经具备高级的认知能力，可以深入研究体育科学和高级技术。根据认知发展的原则，体育教学可以更有效地满足学生的需求。原则包括个体差异、适应性教学和发展性适应性。个体差异意味着不同学生具有不同的认知风格和速度，教师应考虑这些差异并提供个性化的指导。适应性教学强调根据学生的能力和需求调整教学方法，以确保他们的成功。发展性适应性则意味着随着学生的认知发展，教学方法应相应调整，以确保持续的学习和提高。

　　根据学生的认知水平调整体育教学方法具体包括几个方面。教师应了解学生的认知水平，并在课程设计中考虑这些因素。体育教学可以根据学生的年龄和认知阶段设计不同的活动和任务。例如，在幼儿园阶段，可以使用游戏和趣味性的活动来促进基本运动技能的发展。在青少年时期，可以引入更复杂的战术和策略，以挑战学生的认知能力。个性化的教学方法也可以根据学生的兴趣和需求进行调整，以激发他们的学习热情和参与度。认知发展的阶段和原则对体育教学方法的调整至关重要。了解学生的认知水平，并根据其需求和能力进行教学设计，有助于提高体育教育的效果，并满足学生的学习需求。这种个性化和适应性的教学方法可以促进学生的全面发展和成功。

二、认知科学与运动技能的教育

　　认知科学在运动技能的教育中发挥着关键作用。它深入研究了人类大脑如何处理信息、学习和执行复杂的动作，为体育教育提供了深刻的理论基础和实际指导。认知科学揭示了学习和记忆的过程。它帮助教育者了解学生如何获取、处理和储存运动技能的信息。通过认知科学的研究，教育者可以设计更有效的教学方法，以帮助学生更好地理解和记住运动技能。这包括使用视觉、听觉和触觉等感官信息，以及提供反复练习和模拟情境，以加强技能记忆。认知科学研究了思维和问题解决的过程。在体育教育中，这意味着教育者可以教导学生如何分析和解决不同运动场景中的问题。认知科学强调了推理、判断和决策的重要性，为学生提供了更多的智力工具，以应对比赛中的复杂情况。认知科学也关注了注意力、集中和反应速度。这对于运动技能的教育至关重要。教育者可以使用认知科学的原理来训练学生的注意力和反应能力，提高他们在比赛和训练中的表现。认知科学强调了个体差异和个性化教育的重要性。每个学生的认知过程和学习方式都是独特的。教育者可以根据学生的需求和能力水平,个性化教育,以提高学生的技能和表现。认知科学为运动技能的教育提供了深刻的理论基础和实际指导。它帮助教育者更好地理解学生的学习过程,设计更有效的教学方法,强调了问题解决、注意力和反应能力的重要性,同时也强调了个体差异和个性化教育。通过运用认知科学的原理,教育者可以更好地培养具备复杂运动技能的学生,为他们的体育发展提供更多可能性。这一方法有助于提高学生的技能水平和竞技表现,推动体育教育领域的发展。

(一)运动技能的认知基础

学习和执行运动技能涉及多个复杂的认知过程,其中包括运动计划、反应时间和注意力。运动计划是学习和执行运动技能的关键认知过程之一。它涉及将一个特定的动作分解为多个子动作或步骤,并在大脑中形成一个运动计划。这个计划包括了每个步骤的正确顺序和时间,以确保动作的顺利执行。例如,学习如何进行高尔夫挥杆涉及将挥杆分解为多个步骤,包括站位、握杆、挥杆动作等。运动计划的形成和调整需要反复的练习和经验积累。反应时间是另一个重要的认知过程。它指的是从接收刺激信息到做出相应运动反应之间的时间间隔。在体育中,反应时间至关重要,因为它影响着运动员对比赛情况的感知和反应。例如,一个篮球运动员需要在对手防守时快速做出投篮决策,反应时间短可以使他更有竞争力。提高反应时间通常需要通过训练和练习来加强。

注意力是学习和执行运动技能时不可或缺的认知过程。注意力决定了运动员在比赛中关注哪些信息,以及如何过滤和处理这些信息。在高速运动中,如足球或篮球比赛中,注意力集中和分散的能力对决策和执行动作全关重要。例如,足球运动员需要同时关注比赛中的多个因素,如球的位置、队友和对手的位置以及比赛计分情况。通过训练和注意力控制技巧,运动员可以提高他们在比赛中的表现。学习和执行运动技能涉及多个认知过程,包括运动计划、反应时间和注意力。这些过程在体育运动中起着关键作用,决定了运动员的技能水平和比赛表现。通过系统的训练和练习,运动员可以不断提高这些认知过程,从而在体育比赛中更加出色。

（二）教学方法和技巧

运用认知科学原理改进运动技能的教学方法是非常关键的，它能够增强学生的学习效果和技能水平。分解技能是一个重要的教学策略，它与认知科学原理密切相关。分解技能意味着将复杂的运动技能分解成更小的组成部分，使学生能够逐步学习和掌握每个部分。这与认知科学的认知分解原理相符，即将复杂任务分解成更简单的任务以便于处理。教育者可以使用分解技能的方法，逐步引导学生掌握各个部分，然后再逐渐整合它们，以形成完整的运动技能。反馈是认知科学原理的重要组成部分，它在运动技能的教学中具有关键性作用。根据认知科学，及时的、具体的反馈有助于学生的技能学习和改进。在运动技能教学中，教育者可以提供即时的、具体的反馈，以帮助学生更好地理解他们的表现，识别错误并纠正它们。反馈可以来自教育者、同伴或技术设备，它鼓励学生自我监控和自我调整，促进了技能的持续改进。模拟练习是另一种运用认知科学原理的教学方法，它模拟了实际比赛或运动场景。认知科学强调了情境和环境对学习的重要性，因此模拟练习有助于学生更好地适应实际比赛或运动情境。教育者可以设计各种情境模拟练习，使学生面临各种挑战和压力，以帮助他们发展应对能力和决策技巧。模拟练习还可以提供更多的机会来整合技能和知识，从而加强学习效果。

应用认知科学原理来改进运动技能的教学方法是非常有效的。分解技能、反馈和模拟练习都与认知科学的原理相吻合，有助于提高学生的技能水平和综合表现。通过深入理解认知科学的原理，教育者可以更好地设计和实施教学方法，为学生提供更好的学习体验，推动运动技能的持续改进。这有助于培养更出色的体育人才，提高体育教育的质量。

（三）认知负荷管理

为了帮助学生更好地掌握和运用运动技能，优化教学过程以减少认知负荷至关重要。这需要教师采用一系列策略和方法来降低学生在学习运动技能时所面临的认知负荷。简化指导和反馈。教师应该提供明确、简洁的指导，避免过多的技术术语和复杂的解释。反馈也应该集中在关键问题上，以帮助学生专注于最重要的改进点。分解运动技能。将一个复杂的运动技能分解成较小的步骤或部分，逐步教导学生。这有助于学生更容易理解和掌握技能，减少一次性承受的认知负荷。提供示范和模型。教师可以展示正确的运动技能，并要求学生模仿。通过视觉和运动记忆，学生可以更容易地理解和学习技能，减少思考的负担。

使用图像和视频分析。利用图像和视频来记录学生的运动，并用来进行分析和反馈。这有助于学生直观地看到他们的技能表现，减少了需要在脑中构建和比较运动图像的认知负荷。还可以采用启发式教学法。通过提供问题和情境，鼓励学生主动思考和解决问题，从而降低认知负荷。这种教学方法鼓励学生独立思考，提高了他们的问题解决能力。练习和反复。反复练习是减少认知负荷的有效方法。通过不断的练习，学生可以将技能内化，减少思考的需要，提高自动化程度。优化教学过程以减少认知负荷可以帮助学生更好地掌握和运用运动技能。教师可以通过简化指导、分解技能、提供示范、使用图像和视频、采用启发式教学法以及反复练习等方法来降低学生的认知负荷，提高他们的学习效果。这样的教学策略有助于学生更轻松地学习和应用运动技能，促进他们的全面发展。

三、认知科学与体育心理学和决策制定

认知科学在体育心理学和决策制定中扮演着重要角色。认知科学研究人类思维、知觉和决策的过程，它提供了深刻的洞察力，有助于理解和优化运动员的表现和教练的决策。体育心理学借鉴了认知科学的理论和方法，以研究运动员的心理状态和表现。认知科学的研究帮助我们理解运动员的思维和情感，包括焦虑、自信和决策制定。通过了解这些心理过程，体育心理学家可以开发出更有效的心理训练和干预方案，帮助运动员提高表现。认知科学对决策制定在体育领域的应用产生了深远的影响。运动比赛中的决策通常需要在瞬息万变的情况下迅速做出，这需要高度的认知能力。认知科学研究了决策制定的过程，包括信息处理、问题解决和风险评估。这些研究为教练和运动员提供了指导，帮助他们在比赛中做出明智的决策。

它提供了关于学习和记忆的原理，有助于开发更有效的训练方法。运动员可以通过认知科学的理论来改进技能的习得和保持，提高表现水平。认知科学还对运动观众的体验产生了影响。通过了解人们的感知和认知过程，体育赛事的组织者可以设计更吸引人的比赛，并提供更好的观众体验。认知科

学在体育心理学和决策制定中起着重要作用。它帮助我们理解运动员的心理过程，优化心理训练和干预，提高决策制定的效率，改进技能学习和提高观众体验。通过将认知科学的原理应用于体育领域，我们可以更好地理解和提高体育表现，同时促进体育领域的发展和创新。

（一）体育心理学的认知方面

体育心理学涉及多个与认知相关的主题，其中包括焦虑、自信和集中注意力等。这些主题在体育教学中具有重要的应用，可以影响运动员的表现和体育教育的质量。焦虑是体育心理学中一个重要的认知主题。焦虑可以分为竞技焦虑和训练焦虑两种类型。竞技焦虑是指在比赛中出现的紧张和焦虑感，而训练焦虑是指在训练和练习中的焦虑感。高水平的焦虑可能会影响运动员的决策能力、注意力集中和运动执行。在体育教学中，教育者可以帮助学生管理焦虑，通过心理训练和放松技巧来减轻竞技焦虑，以提高比赛表现。自信是另一个与认知相关的主题。自信可以影响运动员的表现和决策制定。自信的程度可能会影响运动员对任务的评估以及对挑战的态度。在体育教学中，教育者可以通过建立学生的自信心，鼓励他们积极参与体育活动，并培养他们相信自己能够达到成功的信念。

集中注意力是体育心理学中的另一个重要认知主题。在高强度的体育比赛中，运动员需要保持注意力的集中，以便及时做出决策和执行动作。分散的注意力可能会导致错误和失误。在体育教学中，教育者可以教授注意力控制技巧，帮助学生在比赛中保持注意力的高度集中，提高执行技能的准确性。焦虑、自信和集中注意力等与认知相关的主题在体育心理学中具有重要的地位。在体育教学中，教育者可以运用相关理论和技巧，帮助学生管理焦虑、建立自信、提高注意力集中，以提高他们的运动技能和比赛表现。这些心理因素与身体技能一样重要，对于学生的综合体育教育至关重要。

（二）运动员的决策制定

运动员在比赛中的决策制定过程涵盖了多个关键方面，包括情境感知、战术选择和反应时间。通过运用认知科学原理，可以改善这些方面，提高运动员的竞技表现。情境感知是决策制定的起点。运动员需要准确感知比赛中的情境，包括对手的位置、比分、时间等信息。认知科学原理强调了感知和注意力的重要性。为了改善情境感知，运动员可以接受感知训练，以提高对关键信息的敏感度。这包括视觉训练、听觉训练和触觉训练，以便更全面地感知比赛情境。战术选择涉及决策制定的策略和计划。认知科学原理强调了问题解决和决策制定的过程。运动员可以通过模拟练习和情境训练来改进战术选择。这些训练可以帮助运动员在压力下更好地分析情境、识别最佳战术，并快速作出决策。教练可以利用认知科学原理来设计情境模拟练习，以帮助运动员培养战术意识和决策技能。反应时间是决策制定的关键因素。认知科学研究了注意力、反应时间和执行能力。运动员可以通过认知训练和生理训练来提高反应时间。训练可以包括加强注意力集中、提高反应速度和增强运动执行能力。这有助于运动员更迅速地执行决策，提高比赛中的竞技表现。认知科学原理为运动员在比赛中的决策制定过程提供了重要的指导。通过感知训练、情境模拟练习、认知训练和生理训练，运动员可以改善情境感知、战术选择和反应时间。这有助于提高他们在比赛中的决策制定能力和竞技表现。通过将认知科学原理应用于体育训练，可以培养更出色的运动员，为他们提供更好的竞技机会。

（三）认知技能的培养

通过认知训练和认知技能的培养可以显著提高运动员的决策能力和执行能力。

1.认知训练：认知训练旨在提高运动员的思维和感知能力，以更好地应对比赛中的挑战。这包括注意力训练，以帮助运动员集中注意力，抵御干扰因素。认知训练还可以包括反应速度和决策制定的练习，以加强运动员在紧急情况下做出正确决策的能力。

2.制定决策树：为了提高运动员的决策能力，可以使用决策树的方法。这种方法将比赛中可能的情况分成不同的选项，并为每个选项提供明确的行动计划。通过反复练习和模拟不同情景，运动员可以更好地准备和应对比赛中的各种情况。

3.视频分析：使用视频分析技术来审查和分析比赛录像，以帮助运动员识别他们的决策和执行方面的问题。通过观察自己的比赛录像，运动员可以更好地理解他们的强项和改进的机会，并从中学习。

4.压力管理：决策和执行能力往往在高压情况下受到挑战。教练可以教导运动员应对比赛中的压力，使用呼吸控制、冷静自信和积极心态等技巧来降低焦虑，提高决策和执行的效能。

5. 实战模拟：通过实际模拟比赛情境来锻炼运动员的决策和执行能力。这可以包括模拟比赛的训练，以及与团队或对手进行模拟比赛。这样的练习可以让运动员在真实环境中应对压力，提高他们的决策速度和准确性。

6. 心理训练：心理训练是提高决策和执行能力的关键。运动心理学家可以帮助运动员发展自信、集中注意力和保持冷静。这种心理训练有助于提高运动员在关键时刻的决策能力和执行效果。

通过认知训练和认知技能的培养，运动员可以提高他们的决策能力和执行能力。这些方法可以帮助运动员更好地应对比赛中的挑战，提高竞技表现，并在竞技体育中取得成功。教练和运动心理学家的指导对于实现这一目标至关重要。

第四节　技术在体育教学中的应用

技术在体育教学中扮演着越来越重要的角色，它已经改变了教育方式和学习体验，提供了丰富的教育工具和资源。视频分析是一项广泛应用的技术。教育者可以使用视频来记录学生的运动表现，然后通过分析和反馈来改进他们的技能。这种实时反馈有助于学生更好地理解自己的技能和错误，并通过观看视频来自我纠正。视频分析还可以用于比较学生和专业运动员的表现，激发学生的学习动力，帮助他们更好地理解目标技能。虚拟现实技术也在体育教学中得到广泛应用。通过虚拟现实头戴设备，学生可以模拟参与各种体育运动和活动，而无须离开教室。这种技术使学生能够亲身体验各种运动项目，提高了他们的参与度和兴趣。虚拟现实还可以用于模拟比赛场景，帮助学生提前准备比赛，增加自信心。

电子健康记录系统也在体育教学中发挥了作用。学生可以使用电子健康记录来追踪他们的体能和健康数据，包括心率、步数、睡眠等。这有助于学生更好地了解自己的身体状况，制定个人健康和锻炼计划。教育者还可以使用这些数据来个性化教学，根据学生的健康需求调整体育课程。移动应用程序和在线平台也在体育教学中提供了更多的学习资源和互动机会。学生可以通过手机应用程序获取体育课程的资料、视频教程和在线测验。这使得学生可以在课堂之外继续学习和锻炼，增强了他们的学习参与度。技术在体育教学中的应用为学生提供了更多的学习资源和互动机会，丰富了他们的参与和学习体验。视频分析、虚拟现实、电子健康记录和移动应用程序等工具提供了更多的互动和反馈机会，帮助学生更好地理解和改进自己的运动技能，同时也激发了他们的学习动力。在不断发展的技术环境下，这些工具将继续改善体育教育的质量和效果。

一、虚拟现实和模拟技术的应用

虚拟现实（VR）和模拟技术在体育领域的应用正在迅速增加，为运动员、教练和学生提供了全新的学习和训练体验。虚拟现实技术已经被广泛用于体育训练和准备。运动员可以通过戴上VR头戴设备来模拟比赛场景，感受真实的比赛氛围。这使他们能够在虚拟环境中进行训练，预测对手的动作并制定战术。这种模拟训练有助于提高运动员的决策能力、反应速度和比赛表现。虚拟现实还可以用于体育教育。学生可以使用VR技术来模拟各种运动技能，如高尔夫挥杆、篮球投篮和网球发球。他们可以在虚拟环境中进行练习，获得实时反馈，改进他们的技能。这种互动性和沉浸感使学生更加投入，提高了他们的学习效率。

模拟技术还可用于体育医学和康复。医生和治疗师可以使用模拟设备来帮助运动员康复和康复，模拟运动受伤的情况，制定个性化的康复计划。这种模拟有助于加速康复过程，减少再伤的风险。VR还可以用于提高运动员的心理准备。通过虚拟现实环境中的心理训练，运动员可以改善自己的专注力和情感管理技能，以更好地应对竞技压力。虚拟现实和模拟技术还可以用于观众体验。观众可以通过VR设备亲临比赛现场，感受到比赛的紧张氛围，提高了体育观赏的互动性和沉浸感。虚拟现实和模拟技术正在改变体育领域的训练、教育、康复和观众体验。这些技术提供了全新的学习和训练方式，为运动员和学生提供更加沉浸和互动的体验，有望提高他们的表现水平和体育体验。

(一)虚拟现实的概念

虚拟现实(VR)技术是一种创造沉浸式体验的先进技术,它可以被应用于体育教学,为学生提供更加生动和身临其境的学习体验。头戴式显示器是虚拟现实技术的核心组成部分。这种设备通常包括一个特制的头戴式头盔,内置高分辨率的显示屏。学生戴上头戴式显示器后,可以完全沉浸在虚拟世界中,感受到身临其境的效果。在体育教学中,头戴式显示器可以用于模拟比赛场景、训练环境或体育活动,使学生感觉自己仿佛置身其中。运动追踪技术是创建沉浸式体育教学体验的关键。通过内置的传感器和摄像头,头戴式显示器可以追踪学生的运动和动作,然后将它们反映到虚拟环境中。这意味着学生可以在虚拟世界中模拟各种运动技能,如挥杆、投篮或游泳,而他们的动作将在虚拟环境中得以呈现。这种互动性有助于学生更好地理解和改进他们的技能。触觉反馈是另一个增强虚拟现实体验的重要因素。一些头戴式显示器配备了触觉反馈设备,如手套或控制器,可以模拟触摸、压力和力反馈。在体育教学中,这些设备可以用来模拟各种运动道具的感觉,如球、球拍或器材,使学生能够更加真实地体验运动过程。

要创建沉浸式体育教学体验,首先需要开发虚拟现实应用程序或内容,以模拟所需的运动场景或训练环境。这通常需要专业的 VR 开发人员和设计师,他们可以使用虚拟现实开发工具和编程语言来创建虚拟世界。然后,学生可以使用头戴式显示器和运动追踪设备,进入这个虚拟世界,并在其中参与体育活动。触觉反馈设备可以增强他们的沉浸感,使他们感受到虚拟世界中的触觉反馈。虚拟现实技术通过头戴式显示器、运动追踪和触觉反馈等元素,为体育教学提供了沉浸式体验。这种技术可以模拟比赛、训练和运动场景,使学生能够更生动地学习和锻炼,提高他们的技能水平和参与度。

(二)运动模拟

虚拟现实(VR)技术已经成为改进体育训练和提供学生更真实练习机会的重要工具。它通过模拟不同的体育运动场景,如足球、篮球和高尔夫,为学生提供了具有挑战性和沉浸感的练习环境。足球训练中的虚拟现实可以通过 VR 头戴设备来模拟真实比赛场景。学生可以身临其境地体验比赛,提高比赛感觉和反应速度。他们可以练习各种技能,如射门、传球和盘带,而无须实际足球场地。教练可以利用VR来模拟不同的比赛情境，让学生在不同压力下做出决策和应对挑战。在篮球方面，虚拟现实可以为学生提供投篮练习的机会。通过VR，学生可以模拟站在比赛场地上，感受篮球的投篮动作和场地环境。他们可以进行反复练习，调整投篮角度和力度，以提高准确性。虚拟现实还可以模拟比赛中的防守情境，帮助学生提高比赛感觉和战术意识。在高尔夫方面，虚拟现实可以模拟高尔夫球场的不同洞和挑战。学生可以使用VR高尔夫模拟器，练习挥杆技巧和战术策略。他们可以在虚拟环境中感受不同的草地和风向，以更好地适应真实高尔夫场地。教练可以使用虚拟现实来分析学生的挥杆动作，并提供个性化的指导。虚拟现实技术为模拟不同体育运动场景提供了更真实的练习机会。它可以帮助学生提高比赛感觉、技能和战术意识，而无须实际进入比赛场地。虚拟现实还可以让教练更好地分析学生的表现并提供个性化的指导。这种技术有望在体育训练领域发挥更大作用，为学生提供更多学习和练习的机会，提高他们的竞技水平。

（三）虚拟教学环境

在虚拟环境中创建教育游戏和模拟课程是一种有效的方法，可以增加学生的参与度和学习效果。虚拟环境允许学生沉浸其中，创造更真实的学习体验。通过模拟真实世界的场景和情境，学生可以更好地理解和应用所学知识。例如，在医学教育中，虚拟手术模拟可以帮助学生练习手术技能，而虚拟实验室可以让科学学生进行实验而无须实际设备。教育游戏和模拟课程提供了互动性和自主性。学生可以在虚拟环境中自己探索、实验和解决问题，从而激发他们的主动学习兴趣。这种互动性促进了知识的积极构建和理解。虚拟环境提供了实时反馈和个性化学习的机会。学生可以在模拟中立即看到他们的行动结果，从而更好地了解自己的表现。教育游戏和模拟课程还可以根据学生的表现调整难度，提供个性化的挑战和支持。

虚拟环境还可以跨越地理和物理限制，使学习资源变得更加可访问。学生可以从世界各地的任何地方参与虚拟课程，无须特定的设备或场地。这有助于实现教育的普及和包容性。虚拟环境可以激发学生的好奇心和创造力。学生可以在虚拟世界中尝试新的想法和解决问题的方法，从而培养创新和批判性思维。虚拟环境中的教育游戏和模拟课程提供了更具互动性、自主性和个性化的学习体验。这有助于增加学生的参与度，激发他们的学习兴趣，提高学习效果。虚拟环境为教育提供了新的可能性，有望在未来进一步推动教育的创新和改进。

二、视频分析和生物力学的应用

视频分析和生物力学在体育中的应用是现代体育科学的重要组成部分。这两个领域提供了深入洞察和科学依据，有助于优化运动员的技能、改进训练方法以及提高竞技表现。视频分析是一种强大的工具，可用于记录、审查和分析运动员的动作。通过高速摄像机和计算机软件，可以捕捉细微的运动细节，如姿势、技巧和运动轨迹。这有助于教练和运动员更好地理解他们的运动，发现和纠正不良习惯。视频分析还允许比较不同运动员之间的技术差异，从而为个体化的技术改进提供了指导。视频分析有助于评估对手的技能和策略，为竞赛做好准备。

生物力学研究运动的生理和机械原理。它通过测量和分析运动员的生物力学参数，如力、速度、角度和关节运动，来深入研究运动的本质。生物力学可以帮助教练和运动员更好地理解运动技巧的物理基础，并优化技术。通过生物力学分析，可以识别潜在的运动伤害风险，从而采取措施进行预防。生物力学研究还可以用于改进装备设计，以提高运动员的性能。视频分析和生物力学的结合应用尤为强大。通过将视频分析与生物力学数据相结合，可以更全面地了解运动员的表现。这可以帮助运动员改进他们的技术，并为训练制定更有效的计划。这种结合还可以用于科学上的研究，以推动运动科学的进展。例如，它可以用于研究运动员在不同运动场景下的运动特性，从而为战术和战略提供数据支持。视频分析和生物力学在体育中的应用为运动员和教练提供了强大的工具，用于优化技能、改进训练方法以及提高竞技表现。这两个领域的结合不仅为运动员个体提供了优化机会，也推动了整个体育科学领域的发展。通过深入研究和应用视频分析和生物力学原理，可以帮助塑造更出色的运动员，并丰富体育领域的知识和实践。

（一）视频分析工具

视频分析软件和硬件在体育领域发挥着重要作用，它们用于深入研究和分析运动员的技能和比赛录像。视频分析软件包括视频采集设备、数据导入和编辑工具以及分析工具。视频采集设备是录制运动员动作的基础工具，可以是摄像机、高速摄像机或智能手机等设备。数据导入和编辑工具允许用户导入录像文件并进行编辑，以选择关键片段和准备分析。最重要的是分析工具，它们提供了多种标记、跟踪和分析选项，如线条、箭头、角度和测量工具，以便深入研究运动员的动作。运用视频分析软件，教练和分析师可以在不同运动项目中进行技术评估和改进。他们可以使用分析工具来跟踪运动员的运动轨迹，测量关键角度和速度，并标记出不正确的技巧或潜在的改进点。这使他们能够为运动员提供具体的反馈，帮助他们更好地理解和改进自己的技能。

在比赛分析方面，视频分析软件还可以用于研究对手和比赛战术。分析师可以标记关键瞬间，制定比赛策略，评估对手的强项和弱点，并为运动员提供指导，以在比赛中获得竞争优势。除了软件，硬件也起到关键作用。高分辨率摄像机和高速摄像机可用于捕捉细节，如运动员的身体姿势、动作路径和运动轨迹。三脚架和稳定器可确保摄像机稳定，并提供清晰的录像。无线传输设备可将视频实时传送到计算机上，以便进行即时分析。视频分析软件和硬件是体育领域中不可或缺的工具，它们用于深入研究运动员的技能和比赛录像，并提供有价值的反馈和数据。这些工具有助于教练和分析师更好地指导和培训运动员，提高他们的技术水平和比赛表现。

（二）运动生物力学

生物力学原理在分析运动员的动作和姿势以识别改进的机会方面发挥着重要作用。生物力学研究运动的生理和机械原理，通过测量和分析运动员的生物力学参数来深入研究运动的本质。生物力学利用力学原理来分析运动员的动作。它可以测量力的大小、方向和作用点，以帮助识别运动员的技术缺陷。例如，在高尔夫挥杆中，生物力学可以分析杆头和球的相互作用，以检测挥杆中的力量分布是否合适。在游泳中，它可以研究水的阻力和身体的运动轨迹，以改进游泳者的技术。生物力学可以分析运动员的姿势和关节角度。通过测量关节的运动范围和角度，可以评估运动员的姿势是否符合最佳运动力学原理。例如，在体操中，生物力学可以研究运动员的身体旋转和弯曲，以确保动作的优雅和准确。在篮球跳投中，它可以分析运动员的跳跃和出手动作，以提高投篮准确性。生物力学还可以用于评估运动员的身体力量和平衡。

通过测量肌肉力量、身体质心和稳定性，可以确定运动员的体能和平衡情况。这有助于识别改进的机会，例如通过力量训练来增强肌肉力量，或通过平衡练习来提高身体的稳定性。生物力学原理为分析运动员的动作和姿势提供了科学基础。通过测量力学参数、关节角度和身体力量，可以识别改进的机会，帮助运动员提高技术和竞技表现。这种方法有助于个体化的训练计划制定，为运动员提供更好的技术和体能支持。通过深入研究和应用生物力学原理，可以不断提高运动员的竞技水平和健康状况，推动体育领域的发展。

（三）数据驱动的教学

基于视频分析和生物力学数据来制定个性化的教学计划是一种高效的方法，可以帮助学生改进运动技能。视频分析提供了详细的视觉反馈，让教练和学生能够更好地了解运动技能的执行。通过录制和回放运动员的表现，可以识别和分析技术上的问题和不足。例如，在足球中，视频分析可以显示球员的传球和控球动作是否符合技术要求。这种可视化反馈有助于学生更准确地认识到问题，并激发他们的改进动力。生物力学数据提供了更深入的分析和量化。通过运动捕捉技术和传感器，可以测量运动员的关节角度、速度、力量等参数。这种数据可以用来分析运动员的动作生物力学，找出存在的问题并提供解决方案。例如，在高尔夫中，生物力学数据可以显示挥杆的轨迹和力度，从而帮助改进挥杆技术。个性化的教学计划基于每位学生的独特需求和能力进行定制。通过视频分析和生物力学数据，教练可以识别每位学生的强项和改进点。这使得教学计划可以专注于学生最需要提高的领域，提高了教学的效果。

这种方法也可以跟踪学生的进展。通过不断地记录和分析视频和生物力学数据，教练和学生可以看到改进的证据，并了解哪些方面需要更多的工作。这种实时反馈有助于学生保持动力，持续改进。个性化的教学计划可以根据学生的目标和时间表进行调整。教练可以制定短期和长期的计划，确保学生在特定时间内达到他们的目标。这种计划的灵活性有助于适应学生的需求和进展。基于视频分析和生物力学数据来制定个性化的教学计划是一种高效的方法，可以帮助学生改进运动技能。这种方法提供了视觉和量化的反馈，可以帮助识别问题和提供解决方案。个性化计划可以根据学生的需求进行调整，并跟踪他们的进展，从而提高教学的效果和学习的质量。

三、电子健康记录和在线资源的应用

电子健康记录和在线资源在体育中的应用对于运动员和教练来说具有重要意义。电子健康记录在体育领域的应用有助于追踪和管理运动员的健康和体能数据。教练和医疗团队可以使用电子健康记录系统来记录运动员的身体健康、伤病情况、体能测试结果和营养信息。这些数据可以帮助教练更好地了解运动员的状况，制定个性化的训练计划，减少受伤风险，并优化体能表现。在线资源为运动员和教练提供了广泛的信息和培训资源。运动员可以通过在线平台获得训练计划、教学视频、营养建议和健康建议。这些资源有助于运动员提高技能、了解运动科学和管理自己的健康。同时，教练也可以通过在线资源获取最新的教育材料和研究成果，以改进自己的教学和训练方法。

电子健康记录和在线资源还促进了团队协作和沟通。运动员和教练可以共享健康数据和训练计划，以便更好地协调工作。医疗团队可以通过电子健康记录系统跟踪运动员的治疗进展，并及时做出调整。这种协作和沟通有助于提高团队的整体表现。电子健康记录和在线资源也有助于数据分析和研究。研究人员可以使用大量的健康和体能数据来进行研究，从而更深入地了解运动和健康之间的关系。这有助于推动运动科学的发展和创新，为运动员和教练提供更好的支持。电子健康记录和在线资源在体育中的应用提供了重要的支持和资源，有助于追踪健康数据、提供培训资源、促进团队协作和沟通，以及推动研究和创新。这些工具和资源在提高运动员的表现和健康状况方面发挥着关键作用，为体育领域的发展和进步做出了贡献。

（一）电子健康记录系统

电子健康记录系统在体育领域中发挥着重要的作用，它们用于记录运动员的生理参数、训练计划和进展，帮助改进训练和预防伤害。这些系统允许运动员记录关键的生理参数，如心率、体重、血压、体温等。这些数据可通过传感器和监测设备自动收集，并存储在电子健康记录系统中。这些生理参数的跟踪有助于监测运动员的身体状况和变化，为教练提供了宝贵的信息，以便调整训练计划和提供个性化建议。训练计划可以在电子健康记录系统中详细记录。教练可以制定具体的训练计划，包括训练时间、强度、频率和目标。这些计划可以根据运动员的个体需求进行定制，并在系统中进行跟踪和更新。运动员和教练可以随时查看计划,确保他们按计划进行训练。运动员的训练进展和成就也可以在电子健康记录系统中进行记录。这包括比赛结果、训练成绩、技能提高和身体变化等方面的数据。通过分析这些数据,教练可以了解运动员的发展趋势,识别潜在问题并制定相应的改进计划。

使用电子健康记录系统可以改进训练和预防伤害的方法。通过生理参数的跟踪,教练可以及时发现潜在的健康问题,如过度疲劳或过度训练。这使他们能够调整训练计划,以减轻运动员的负荷,降低伤害风险。电子健康记录系统可以帮助教练更好地管理运动员的训练负荷和恢复时间。通过分析训练计划和生理参数,教练可以确保运动员获得足够的休息和康复时间,以提高他们的表现和预防伤害。电子健康记录系统在体育领域中是一项强大的工具,它们允许运动员和教练记录和分析生理参数、训练计划和进展,有助于改进训练和预防伤害。这些系统提供了全面的数据,可以帮助制定更有效的训练策略,提高运动员的表现水平,并确保他们的健康和安全。

(二)在线教育平台

在线课程和教育平台在丰富体育教育资源方面发挥着至关重要的作用。它们为学生和教育者提供了便捷、多样化的教育资源,推动了体育教育的全面发展。在线视频教程为学生提供了学习体育技能和知识的便捷途径。学生可以通过观看专业教练的视频来学习正确的运动技巧和战术策略。这些视频教程可以根据不同水平和兴趣定制,满足学生的个性化需求。无论是足球、篮球、游泳还是高尔夫,学生都可以在线找到相关的视频资源,以提高他们的技能水平。电子教材为体育教育提供了丰富的学习材料。学生可以通过电子教材来深入研究体育科学、运动心理学和运动营养等领域的知识。这些教材通常包含了丰富的图文信息、互动示例和自测题,有助于学生更好地理解和应用所学知识。电子教材还可以随时随地访问,方便了学生的学习和复习。讨论论坛为学生和教育者提供了交流和分享的平台。学生可以加入在线讨论组,与其他学生和教育者讨论体育教育相关的话题。这种交流有助于学生互相学习和共享经验,同时也为教育者提供了了解学生需求和反馈的机会。通过讨论论坛,体育教育变得更加互动和社交化。在线课程和教育平台为丰富体育教育资源提供了有力支持。它们通过在线视频教程、电子教材和讨论论坛,为学生和教育者提供了便捷、多样化的学习和交流渠道。这有助于提高学生的学习体验，促进体育教育的全面发展。在线教育资源的不断丰富和发展，将继续推动体育教育领域的进步，培养更多优秀的体育人才。

（三）教学管理工具

运用在线工具管理课程、安排练习和跟踪学生的进度是提高体育教学效率和效果的关键。这些工具提供了多种方式来提升教育质量和管理效率。线上平台可以用于课程管理和日程安排。教师可以创建和共享课程大纲，包括课程目标、主题和作业。同时，他们可以安排练习、比赛和测试的时间表，并将其同步到学生的日历。这有助于学生更好地了解课程进度和安排，提前准备和计划。在线工具可以用于资源共享和教材分发。教师可以在平台上上传课程材料、教学视频、练习题等资源，学生可以随时访问和下载。这样，教师可以确保所有学生都能轻松获取教材，促进学习的一致性和平等性。在线平台还支持学生的学习和表现跟踪。教师可以创建在线测验和作业，以便学生在线提交和评分。这减少了纸质工作量，提高了评估的效率。在线工具可以生成学生的学术报告和成绩单，帮助教师更好地了解学生的学习进展和表现。

还可以利用在线工具进行沟通和互动。教师和学生可以使用在线聊天、讨论论坛和视频会议工具进行交流和讨论。这种互动促进了学习的参与度和深度，有助于解决学生的问题和困难。数据分析工具可以用来监测学生的学术表现和进展。教师可以收集和分析学生的数据，识别出可能需要额外帮助的学生，并采取适当的干预措施。这有助于提高教学的针对性和个性化。使用在线工具来管理课程、安排练习和跟踪学生的进度是提高体育教学效率和效果的关键。这些工具提供了多种方式来提升教育质量和管理效率，同时促进了学生和教师之间的互动和合作。通过充分利用在线资源，体育教育可以更加灵活、高效和有效地进行。

第二章　发展趋势与需求分析

第一节　体育教育的发展历程

体育教育的发展历程可以追溯到古代文明时期。古希腊是体育教育的奠基者，他们强调了体育锻炼对身体和精神的重要性。古罗马也继承并发展了这一传统，将体育纳入教育体系。在中世纪，体育教育受到了一些限制，但仍然在骑士训练中有所存在。文艺复兴时期，人们对文化和体育的兴趣再次复苏，推动了体育教育的发展。

18世纪末至19世纪初，体育教育在欧洲和美国迎来了显著的改革。在德国，弗洛贝尔提出了现代体育教育的理念，强调了体育锻炼对身心发展的综合作用。在美国，体育教育被纳入公立学校课程，并且在大学体育方面取得了重要进展。这个时期还见证了现代奥林匹克运动的起源，体育的国际化合作开始崭露头角。20世纪初，体育教育逐渐成为全球范围内的教育领域，体育学科也开始逐渐发展。第一次世界大战和第二次世界大战期间，体育被广泛用于士兵的体能训练，体育教育在军事和民间领域都得到了推广。

20世纪中叶以后，体育教育经历了快速的发展和多样化。体育科学、体育心理学和运动医学等新领域的涌现丰富了体育教育的知识体系。学校体育课程逐渐扩展到包括不同类型的体育运动，体育在社会和文化中的地位也逐渐上升。随着科技的进步，体育教育也迎来了新的发展机遇。计算机模拟、虚拟现实和在线课程等技术的应用为体育教育提供了更多创新和多样性。同时，体育教育也更加注重全面发展，包括身体素质、运动技能、团队合作和领导能力等方面的培养。体育教育的发展历程丰富多彩，经历了古代文明的传承、现代体育教育的兴起和国际化合作的发展。它是一门涵盖多个领域的综合性学科，旨在培养学生的身体和精神健康，促进全面发展。随着社会的不断变迁和科技的不断进步，体育教育将继续适应新的挑战和机遇，为学生提供更好的教育和培训。

一、古代体育教育的起源和演变

古代体育教育的起源可以追溯到早期文明，它在不同文化中有着多样化的特点和演变过程。在古代埃及，体育教育与庆典仪式和劳动密切相关。埃及人通过游泳、划船、拳击等运动来培养身体素质，并将一些运动视为神圣的仪式，如射箭和摔跤。古希腊是古代体育教育的重要发源地。公元前8世纪，古希腊的奥林匹克运动会诞生，成为最著名的古代体育盛事之一。希腊人强调身体和精神的平衡，体育被视为培养公民美德和社会责任感的手段。奥林匹克运动会包括各种竞技项目，如马拉松、跳高、跳远、铁饼投掷等，运动员竭尽全力参与，以获得荣誉和声誉。古罗马也继承了希腊的体育传统，将其发展为更加宏大的斗兽场比赛和角斗士竞技。这些活动不仅是娱乐，也是彰显权利的一部分，表现出古罗马的强大和文化威严。古代中国的体育教育着重于武术和军事训练。战国时期，各个诸侯国家竞争发展武功，孙武的《孙子兵法》成为古代兵法经典。武术技能被视为国家安全的关键，同时也被用于身体锻炼和健康保健。古代体育教育的起源和演变在不同文明中有着独特的特点，但都强调了身体健康、竞技精神和社会价值。这些古代体育传统对现代体育教育产生了深远的影响，塑造了体育在文化和社会中的重要地位。

（一）古代文明中的体育

古希腊、古罗马和古印度等文明在体育教育和竞技活动方面都有着丰富的传统，这些传统承载着教育和文化的重要价值。古希腊是体育教育的重要发源地之一。在古希腊，体育被视为培养公民美德、强健身体的途径。奥林匹克运动会是最著名的古希腊竞技活动，各类运动项目如马拉松、跳高、跳远、铁饼投掷等汇聚于此。运动员追求卓越，以获得荣誉和声誉。古希腊哲学家如亚里士多德也认为体育教育有助于塑造公民品质和建设国家。古罗马继承了希腊的体育传统，并将其发展为更宏大的竞技活动。斗兽场比赛和角斗士竞技是古罗马最著名的体育活动之一。古罗马还强调了军事训练的重要性，认为士兵的身体素质与国家的安全密切相关。古印度的文明也有丰富的体育传统，尤其以瑜伽著称。瑜伽是一种身体和精神的练习，旨在实现身体、心灵的和谐统一。瑜伽强调身体的灵活性、平衡和内在平静，有助于提高健康、集中注意力和增强自我意识。这些文明中的体育教育和竞技活动不仅强调了身体健康，还传承了教育和文化的重要价值。它们塑造了公民品质、国家文化和社会价值观，为后代文明和体育教育留下了丰富的遗产。这些传统对于今天的体育教育和文化也有着深远的影响。

（二）中国古代武术传统

中国古代的武术传统如太极拳和功夫有着悠久的历史，这些武术不仅是一种身体锻炼的方式，还融合了哲学、文化和传统价值观。它们的起源和发展与中国古代社会、哲学思想以及战斗技巧密切相关。

太极拳，源于明朝末年和清朝初年，是中国武术的代表之一。它的创始人被认为是明朝末年的张三丰道士。太极拳的动作模仿自然界的动态，强调柔和的力量和自我调整。它不仅是一种身体锻炼，还是一种修身养性的方式，深受中国文化的熏陶。功夫，又称中国武术，有着悠久的历史，其起源可以追溯到中国古代的军事训练和战斗技巧。中国古代的各个民族和地区都有自己独特的功夫流派，如少林寺功夫、武当功夫等。功夫强调身体的灵活性、力量和速度，以及各种武器的使用技巧。它也注重内功的修炼，包括气功和精神集中，以提高身体的耐力和自我控制。太极拳和功夫在中国的发展受到了历史、文化和哲学思想的影响。这些武术传统在中国的发展历程中逐渐演变为体育、健身和表演艺术。它们也在国际上获得了广泛的认可和影响，成为中国文化的重要代表之一。太极拳和功夫的练习不仅有益于身体健康，还有助于培养内在的力量、耐力和自律。它们的传承和发展仍然在今天继续，传承着中国古代的武术传统和文化精神。

（三）古代体育教育的特点

古代体育教育在各个文明和时期都有其独特的特点，但它们共同注重身体锻炼、培养道德和社会价值观，这些特点反映了古代社会对体育的重视。古希腊是古代体育教育的重要代表之一。古希腊的体育活动包括奥林匹克运动会和各种竞技比赛，如马拉松和格斗比赛。这些竞技活动强调身体力量、耐力和技能的发展，鼓励人们通过锻炼身体来追求卓越。古希腊的体育教育也注重道德和社会价值观的培养。在奥林匹克运动会中，体育比赛被视为一种道德斗争，胜利者被认为是英雄，他们的美德和荣誉受到尊重。古希腊哲学家如柏拉图和亚里士多德也认为体育有助于培养人的品格和道德。古罗马也重视体育教育。罗马的竞技活动包括角斗士比赛和战车赛等，这些活动强调了战斗技能和体能的培养。古罗马认为，体育训练可以培养军队的士气和战斗能力。古印度的体育教育也有其特点。古印度的瑜伽传统强调身体和精神的平衡，通过体位法、呼吸法和冥想来实现。这种体育教育不仅强调身体的柔韧性和力量，还注重内心的宁静和道德价值观的培养。古代体育教育的特点包括对身体锻炼的强调，以及对道德和社会价值观的培养。这些特点反映了古代社会对体育在塑造个体和社会中的重要作用的认识。古代体育教育不仅强调了身体的健康和技能的发展，还强调了人的道德和社会责任。这些观念和价值观在古代文明中留下了深刻的痕迹，并继续影响着现代体育教育的发展。

二、现代体育教育的兴起和发展

现代体育教育的兴起和发展是一个丰富多彩的历程，涵盖了多个方面的演进。它的发展是在历史、文化、教育理念和科技等多重影响下逐渐形成的。体育教育在19世纪末和20世纪初迎来了显著的兴起。这一时期，社会开始重视体育锻炼对身体健康和社交发展的积极影响。德国的弗洛贝尔提出了现代体育教育的理念，强调了体育锻炼对身体、智力和道德的综合发展。这一理念影响了全球范围内的体育教育，并为其奠定了坚实的基础。体育教育也逐渐被纳入学校课程。美国在20世纪初领先于此，将体育教育纳入公立学校，并制定了学校体育活动的规范。这一举措为体育教育在学校中的普及提供了机会，使更多学生有机会接受系统化的体育锻炼。20世纪中叶以后，体育教育进一步发展和多样化。出现了多个新的体育学科，如运动科学、运动心理学和运动医学。这些领域的兴起丰富了体育教育的知识体系，为学生提供了更多的学习机会。国际性体育比赛和奥林匹克运动的崭露头角也推动了体育教育的全球化。体育教育者开始关注国际体育标准和比赛规则，以培养具备国际竞技水平的运动员。这促进了国际合作和文化交流，推动了全球体育教育的进步。

随着科技的进步,现代体育教育也迎来了新的机遇和挑战。计算机技术、虚拟现实和在线教育等工具为体育教育提供了更多创新和多样性。学生可以通过在线课程学习体育知识和技能,而教育者可以更好地利用技术来分析和改进学生的表现。现代体育教育的兴起和发展是一个多维度的历程,受到历史、文化、教育理念和科技等多重因素的影响。它不断演进,为学生提供了更多机会,促进了身体和智力的综合发展。体育教育将继续适应社会变革和科技进步,为学生提供更好的教育和培训,培养更多优秀的体育人才。

(一) 19世纪体育教育改革

19世纪末,欧洲和美国发生了一场重要的体育教育改革运动,这一运动推动了卫生体育和体育运动在学校中的普及。这一时期的改革反映了对身体健康和体育教育的认识不断增强,强调了体育在教育体系中的重要性。在欧洲,改革的一部分是由于军事需求。军队需要强壮的士兵,因此军事体育在欧洲国家中受到了重视。体育活动开始被纳入学校课程,以培养年轻人的身体素质。同时,一些欧洲国家也开始支持体育运动俱乐部的成立,以鼓励大众参与体育活动。美国也经历了类似的体育教育改革运动。在19世纪末,工业化和城市化使人们的生活方式发生了变化,身体健康成为一个关注的焦点。体育被视为改善公众健康的途径,于是卫生体育运动在学校中得到了普及。一些教育家和体育活动的推动者认识到,通过体育可以培养学生的纪律、合作精神和领导能力,这些都是未来成功的关键。

体育运动在学校中的普及也受到了体育组织和竞技活动的推动。学校体育联盟的成立促进了学生之间的比赛,增加了体育的竞争性和吸引力。体育如篮球、足球、田径等开始在学校中流行起来,并成为校园文化的一部分。这一时期的体育教育改革运动反映了对体育和身体健康的重要认识,强调了体育在教育体系中的作用。卫生体育和体育运动在学校中的普及为学生提供了更多机会参与体育活动,并促进了身体健康和团队合作的培养。这一时期的改革奠定了现代体育教育体系的基础,对后来的体育发展和教育产生了深远的影响。

(二) 体育教育的正规化

体育教育在学校体制内的正规化以及体育运动组织的成立,如奥林匹克运动会，都是现代社会中体育发展的重要方面。它们对于促进身体健康、培养运动员和传播体育价值观起到了重要的作用。体育教育在学校体制内的正规化是为了培养学生的身体素质和提高整体健康水平而设立的。这一概念最早出现在19世纪末，当时人们开始认识到体育锻炼对于培养学生的身体和精神健康至关重要。各国纷纷将体育教育纳入学校课程，制定了相应的教育法规和标准，确保学生在学校接受到系统化的体育锻炼。体育运动组织的成立，如奥林匹克运动会，标志着国际性体育竞赛的兴起。奥林匹克运动会创立于古希腊时代，但现代奥林匹克运动会始于1896年。这一国际性体育盛会汇聚了世界各地的运动员，通过竞技比拼来促进国际友谊和文化交流。奥林匹克运动会不仅是一项体育赛事，还强调了体育的教育和和平使命，弘扬了体育的伦理和道德。

在国内，各国也建立了自己的体育组织，如国家奥林匹克委员会和国际体育协会，来推动国内体育事业的发展和组织体育比赛。这些组织不仅为运动员提供了机会，还为体育教育和体育科研提供了支持。体育教育的正规化和体育运动组织的成立都推动了体育在全球范围内的普及和发展。它们促进了身体健康、运动技能和竞技表现的提高。体育赛事和体育组织也促进了文化交流和国际合作，弘扬了体育的价值观和道德。因此，体育教育和体育运动组织在现代社会中扮演着不可或缺的角色，为人们带来了身体健康和精神愉悦。

（三）性别平等和多样化

体育教育领域的性别平等和多元文化教育的发展代表了社会的进步和多样性的重要认可。为促进平等和包容性，推动性别平等是至关重要的。体育教育需要确保男女学生都有平等的机会参与各种体育活动和竞技比赛。这意味着提供适当的设施和资源，以满足不同性别的需求，并消除歧视和偏见。体育教育应鼓励女性学生参与传统上被认为是男性领域的运动，并提供支持和激励。多元文化教育的发展需要考虑不同文化和背景的学生。体育教育应尊重和包容各种文化传统和价值观。这包括了解和尊重不同文化对运动的理解和参与方式，以及提供多样化的运动选择，以满足不同文化背景的学生的需求。教育机构可以制定政策和程序，确保性别平等和多元文化教育的实施。这包括制定反歧视政策，培训教职员工，确保他们能够理解和尊重多样性，以及建立机制来处理任何歧视行为或事件。

促进平等和包容性还需要倡导意识和社会变革。这可以通过教育和媒体来实现，以扩大对多样性和包容性的认识。教育机构、家庭、社会团体和政府应该共同努力，为学生提供平等的机会，并创造包容的环境。这需要广泛的合作和协调，以确保每个学生都能够在体育教育中实现潜力，不受性别、文化或背景的限制。体育教育中的性别平等和多元文化教育的发展是社会的重要目标。通过政策制定、教育和社会意识的提高，以及广泛的合作，可以促进平等和包容性，确保每个学生都有平等的机会参与体育教育，并受益于其提供的教育和社会价值观。这有助于建立更加公平和多样化的体育教育体系，为学生的发展和成长提供更好的支持。

三、现代体育教育的挑战与前景

现代体育教育面临着一系列挑战和前景，这些挑战和前景共同塑造着未来的体育教育。社会和文化多样性是一项重要挑战。现代社会包括各种背景、文化和价值观的学生。体育教育需要适应不同文化和多元化的需求，以确保所有学生都能获得平等的教育机会。技术的快速发展为体育教育带来了前所未有的机遇。虚拟现实、增强现实、智能设备等技术工具可以改善体育教学的效率和效果。通过这些工具，学生可以在更真实的环境中学习、分析和改进运动技能。体育教育需要应对健康和安全问题。学生的身体健康和安全是首要任务，教育机构需要确保运动场地和设施的安全，提供适当的急救措施，以应对潜在的伤害和风险。

体育教育需要提供个性化的指导，以确保每个学生都能够在自己的水平上取得成功。这需要教师具备不同教学的能力，以满足学生的多样性需求。

未来的体育教育前景充满希望。通过更多的研究和创新，可以提高教学方法和教育资源。体育教育可以更好地融入终身教育，鼓励人们继续参与体育活动，保持健康和活力。体育教育还可以促进社会价值观的传递。体育教育有助于培养团队合作、领导技能、公平竞争和道德价值观，这些价值观可以在学生的生活中产生积极的影响。现代体育教育面临挑战，但也有广阔的前景。通过适应多样化的需求、利用技术和创新、关注学生的安全和健康，体育教育可以更好地满足未来的需求，为学生提供全面的教育和发展机会。它不仅有助于培养身体健康，还有助于传递重要的社会价值观。

第二节　当代社会对体育教学的需求

当代社会对体育教学有着日益增强的需求。人们越来越重视身体健康和生活质量，因此体育教育成为不可或缺的一部分。体育不仅有助于维持身体健康，还培养了合作、领导力和团队精神等重要素质。体育教育可以帮助学生减轻压力、提高心理健康，应对现代生活的挑战。在竞技体育领域，体育教育也满足了人们对娱乐和社交互动的需求。综合而言，当代社会对体育教学需求不仅是为了身体健康，还涵盖了多个层面，有助于个体全面发展和社会的和谐进步。

一、身体健康和生活方式需求

现代社会对身体健康和生活方式的需求变得越来越迫切。这一需求的增加反映了人们对更健康、更具质量的生活方式的追求。在快节奏的生活中，人们逐渐认识到预防疾病和保持健康的重要性。他们希望通过健康饮食、适量锻炼和良好的生活习惯来减少疾病风险，提高生活质量。身体健康与心理健康之间的关系越来越受到关注。人们认识到身体和心理的健康密切相连，体育活动被认为是减轻压力、焦虑和抑郁的有效途径。因此，需求增加，希望通过体育锻炼来改善心理健康。体育活动被认为是延缓衰老、保持健康的重要手段之一。满足这些需求需要全社会共同努力，推动健康教育、健康促进和体育活动的普及，以满足人们对更健康、更幸福生活的渴望。

（一）肥胖和健康问题

当代社会面临肥胖和相关健康问题，体育教学可以发挥重要作用，促进健康生活方式，应对这些问题。肥胖问题已经成为全球性的流行病。不健康的饮食习惯、久坐的生活方式和缺乏体育活动是导致肥胖的主要原因之一。肥胖与多种慢性疾病如糖尿病、心脏病和高血压相关联，对健康造成严重威胁。体育教学可以通过激发学生对体育活动的兴趣，提高他们的身体素质，以及传授健康知识来应对这一问题。教育者可以设计吸引人的体育课程，鼓励学生积极参与运动，提高他们的体能和耐力。体育教育还可以传授关于均衡饮食、适量锻炼和健康生活习惯的知识，使学生更好地管理自己的健康。体育活动被认为是缓解压力、焦虑和抑郁的有效途径。体育教学可以通过培养学生的体育兴趣和自信心，有助于改善他们的心理健康。体育教学可以通过提高体育活动的兴趣、传授健康知识和促进心理健康来帮助应对这一问题。通过全面的体育教育，我们可以更好地培养健康的生活方式，预防肥胖和促进整体健康，为社会创造更加健康、活力和幸福的未来。

（二）身体素质和健康教育

体育教育在培养学生的身体素质、提高运动能力和健康水平方面发挥着关键作用。体育教育强调全面的身体锻炼。学生参与各种运动项目，如足球、篮球、游泳、田径等，以确保他们的身体各个方面都得到锻炼。不仅要注重有氧运动，还要包括力量训练和灵活性练习。这有助于提高学生的心肺健康、肌肉力量和关节灵活性。体育教育注重技能培养。学生通过学习不同的运动技能，如传球、投篮、游泳姿势等，提高了运动技能水平。这种技能培养不仅有助于提高运动能力，还能增强学生对体育的兴趣和参与度。学生通过不断练习和挑战自己，逐渐提高了技能水平。体育教育强调健康教育。教育者教授学生有关饮食、生活方式和运动安全的知识。学生了解到如何选择健康的食物，保持适度的运动量以及如何防止运动伤害。这有助于提高学生的健康意识，使他们能够做出更健康的生活选择。体育教育还强调团队合作和竞技精神。学生在团队运动中学会合作、沟通和互助。他们也学会了尊重竞争对手，接受胜利和失败。这些社交技能不仅在体育场上有用，也在生活中起到重要作用。体育教育提供了锻炼身体的机会。通过课堂教学和体育课外活动，学生有机会锻炼身体，提高运动能力和健康水平。运动不仅有助于维持身体健康，还有助于减轻压力、提高心理健康。体育教育是培养学生身体素质、提高运动能力和健康水平的重要途径。通过全面的身体锻炼、技能培养、健康教育、团队合作和体育锻炼，体育教育不仅有助于学生的身体发展，还有助于培养他们的社交技能和综合素质。它为学生提供了终身受益的健康和体育价值观。

（三）运动锻炼的重要性

运动锻炼对心理健康、情感健康和社交健康都产生积极的影响，体育教育在促进全面健康方面发挥着关键作用。运动锻炼对心理健康的影响是显著的。适度的体育活动有助于释放身体中的内源性化学物质，如内啡肽和多巴胺，从而提高情绪和情感状态。运动还有助于减轻焦虑和抑郁症状，促进心理健康的积极面。定期锻炼可以改善睡眠质量，减轻压力，增加自尊心，促进心理稳定。情感健康也受到运动锻炼的正面影响。运动可以帮助人们应对生活中的情感挑战，提高情感的积极性。参与体育活动可以提升自我意识，增加自信心，培养自我约束和情感管理的技能。这有助于建立积极的情感状态，提高情感健康水平。运动锻炼对社交健康也有益处。参与体育活动提供了社交互动的机会，帮助人们建立社交网络和友谊关系。团队体育锻炼可以促进合作、沟通和团队合作的技能。体育活动也可以提高社交信任和减少社交孤立感。

体育教育在促进全面健康方面起到了关键作用。教育机构提供了体育活动的机会，鼓励学生参与各种体育项目。通过体育教育，学生可以建立运动习惯，培养身体素养，提高心理和情感健康。体育教育也教育学生合作、团队合作和社交技能，有助于社交健康的发展。运动锻炼对心理健康、情感健康和社交健康都有积极的影响，体育教育在促进全面健康方面发挥了关键作用。体育教育不仅提供了锻炼的机会，还教育学生如何在体育和社交领域取得成功，从而促进了全面健康的发展。

二、团队合作和社交技能需求

在现代社会中，团队合作和社交技能的需求日益显著，已经成为个人和组织成功的重要因素之一。团队合作技能是在职场和生活中必不可少的。无论是在公司、政府机构还是非营利组织，团队合作都是推动项目和任务成功完成的关键。一个团队中的成员需要能够有效地协作，共同追求共同的目标。团队合作不仅能够提高工作效率，还能够产生创新的思想和解决问题的能力。社交技能在社交和人际关系中扮演着至关重要的角色。社交技能包括沟通、倾听、谦虚、尊重和同理心等。这些技能有助于建立健康的人际关系，不仅对个人生活有益，也对职业发展至关重要。在面试和职业生涯中，社交技能通常被认为比技术技能更重要。团队合作和社交技能也在教育领域中发挥着重要作用。学生需要在团队项目中协作，分享观点和分工合作。这有助于培养他们的团队合作能力，提高解决问题的能力。学生在学校中也需要社交技能来与同学、老师和家长建立良好的关系，促进学习和发展。团队合作和社交技能对于解决社会和全球性问题也至关重要。在面对复杂的挑战，如气候变化、贫困和社会不平等时，团队合作和社交技能有助于不同国家和组织之间合作，共同制定解决方案。这些挑战需要全球范围内的协作和合作，而不是孤立行动。团队合作和社交技能已经成为现代社会中不可或缺的技能和素养。它们对于个人和组织的成功至关重要，帮助人们更好地协作、建立关系和解决问题。在个人和社会层面，团队合作和社交技能的发展都具有重要意义，有助于创造更加和谐和繁荣的社会。

（一）团队合作和沟通

团队合作和沟通技能在当代职场和社会生活中具有至关重要的地位。在现代社会中，越来越多的工作和活动需要个体与他人协同合作，有效的团队合作和沟通技能成为成功的关键因素。体育教育在培养这些技能方面发挥着重要作用。团队合作是当代职场的关键。在各种行业和职位中，团队合作能力对于达成共同目标和完成任务至关重要。能够与他人协作、分享想法、互相支持和解决问题的能力是高度受欢迎的职场技能。体育教育通过团队体育项目和合作性游戏，帮助学生培养了解合作的重要性和团队目标实现的必要性。

沟通技能也是社会生活和职业成功的关键。有效的沟通不仅包括语言表达能力，还包括倾听、理解和表达自己的能力。人际沟通技能有助于建立良好的人际关系、解决冲突和建立信任。体育教育通过团队体育活动、合作比赛和教练指导，提供了学生锻炼沟通技能的机会，让他们学会与队友和教练协调和交流。体育教育还教育了胜利和失败的处理方式。在团队体育中，胜负是常态，学生需要学会接受胜利和失败，以及如何在困难时期保持积极的态度。这种心态对于职业和社会生活中的挫折和挑战处理也非常有用。团队合作和沟通技能对当代职场和社会生活至关重要。体育教育通过团队活动、合作性比赛和心理培训，为学生提供了培养这些关键技能的机会，使他们能够更好地适应职业和社会的需求，同时促进个人全面发展。

(二)领导能力和团队建设

体育教育在培养学生领导能力和团队建设技能方面发挥着重要作用。通过体育教育来帮助学生在不同领域取得成功。体育教育鼓励学生扮演领导角色。在体育比赛和团队运动中,学生有机会担任队长或领队。这要求他们具备领导能力,如组织、激励和指导团队成员。通过这种方式,学生可以培养领导技能,学会在压力下做出决策,并有效地与团队协作。体育教育注重团队合作。学生在团队运动中必须与队友协调合作,共同追求胜利。这要求他们学会倾听、理解和尊重团队成员的意见和需求。通过团队合作,学生能够培养协作和沟通技能,这对于领导能力的发展至关重要。体育教育强调竞争和挑战。学生在体育竞技中面临竞争对手,需要克服障碍和挑战,争取胜利。这有助于培养学生的竞争意识和毅力,这些品质在领导和成功的道路上都是必不可少的。体育教育也注重团队建设。学生在体育队伍中形成紧密的友谊和团队精神。这有助于建立支持系统和社交网络,这对于在不同领域取得成功非常重要。团队建设也有助于培养学生的社交技能和人际关系,这对于领导能力的发展至关重要。体育教育强调目标设定和自我管理。学生学会设定个人和团队目标,并制定计划来实现这些目标。这有助于培养学生的目标导向性和自我管理能力,这对于领导能力和取得成功都是关键要素。体育教育在培养学生领导能力和团队建设技能方面发挥着重要作用。通过领导角色、团队合作、竞争挑战、团队建设、目标设定和自我管理,学生能够在不同领域取得成功,并发展成为有能力的领导者。体育教育不仅有助于身体健康,还有助于培养学生的综合素质和社交技能,为他们的未来发展打下坚实基础。

(三)社会互动和文化理解

体育教育在促进社会互动、文化理解和尊重方面发挥着关键作用,有助于学生成为全球公民。体育教育提供了一个多元的互动平台。体育是一种国际性的语言,不受文化和语言的限制。学生可以通过参与国际性的体育竞赛和交流活动与来自不同国家和文化背景的人互动。体育教育强调团队合作和合作精神。学生在团队体育中学会了合作、沟通和相互依赖。这些技能不仅在体育领域有用,也在社交生活中发挥作用。学生学会尊重他人的观点和贡献,理解集体目标的重要性。

体育教育强调公平竞争和道德行为。学生被教导要遵守规则、尊重对手和裁判的决定。这有助于培养道德和公平竞争的价值观，学生学会在胜利和失败中保持尊重和体面。体育教育也可以提供关于不同文化体育传统的教育。学生可以了解不同国家和文化的体育活动，理解它们的历史、价值观和意义。这有助于扩大学生的文化视野，培养跨文化尊重和包容性。体育教育还可以提供机会，培养全球公民的领导能力。学生可以在体育领域担任领导职务，学会领导团队、组织活动和解决问题。这些领导技能在全球公民的角色中至关重要，他们需要在不同文化和社会环境中发挥领导作用。体育教育在促进社会互动、文化理解和尊重方面具有巨大潜力。通过多元化互动、团队合作、公平竞争、道德教育和领导培养，体育教育有助于学生成为具有全球视野和价值观的全球公民。这些技能和价值观在国际交流、国际合作和全球问题解决中都至关重要，为建设一个更加和谐和包容的全球社会做出贡献。

三、竞技和竞争技能需求

竞技和竞争技能是在不同领域和生活情境中都具有重要价值的关键能力。这些技能不仅在体育竞技中发挥作用，还在教育、职业和日常生活中至关重要。竞技和竞争技能包括体力和体能方面的能力。这包括力量、耐力、速度、灵活性和协调性等方面的体能。这些技能在体育竞技中至关重要，决定着运动员的表现和成就。这些体能也在日常生活中发挥作用，例如在健身、户外活动和紧急情况下。竞技和竞争技能包括心理方面的能力。这包括自我管理、集中注意力、冷静应对压力、目标设定和决策制定等心理技能。在竞技比赛中，运动员需要在高压环境下表现出色，这些心理技能可以帮助他们保持专注、自信和冷静。社交技能也是竞技和竞争技能的一部分。在团队竞技中，合作、沟通和领导能力是至关重要的。这些技能有助于建立团队的协作和团结，以实现共同的目标。在职业和社交生活中，社交技能也对成功和人际关系至关重要。战略和决策技能也是竞技和竞争技能的一部分。运动员需要制定战略和计划，以在比赛中取得优势。这些技能也在职业生涯中发挥作用，帮助人们做出明智的决策，解决问题和取得成功。

竞技和竞争技能是综合性的技能，包括体能、心理、社交和战略等多个方面。这些技能在体育竞技中发挥关键作用，也在其他领域和生活情境中具有重要价值。发展这些技能有助于个人的成长和成功，不仅在竞技领域，也在教育、职业和社交生活中都具有重要作用。因此，培养和发展竞技和竞争技能是一项重要任务，可以帮助人们更好地应对各种挑战和机遇。

（一）竞技竞争和目标设定

竞技竞争在个人发展和社会中都具有重要性。无论是在竞技体育、竞赛活动还是日常生活中的目标设定，竞争能力都是塑造性格、提高绩效和实现成功的关键因素。体育教育在培养竞争技能方面发挥了关键作用。竞技体育是培养竞争技能的理想平台。通过参与竞技体育，个体学会了追求卓越、超越自我、挑战极限的精神。在竞技中，他们经历胜利和失败，学会了处理胜负，培养了自律和毅力。这些竞争技能在职业生涯和日常生活中都至关重要。竞赛活动也有助于培养竞争意识。竞赛可以是学术比赛、创新竞赛或文化比赛等各种形式。参与竞赛的个体需要追求最佳表现，争取胜出。这激发了他们的动力和竞争心，推动他们不断提高自己的能力和技巧。目标设定是竞争技能的关键部分。在体育教育中，学生被鼓励设定目标，不断努力追求。目标设定教会他们如何规划、执行和评估自己的努力，这一技能在职业和生活中都非常有价值。体育教育通过教授竞技技能和竞争意识，为学生提供了培养竞争力的机会。在教育者的指导下，学生可以通过体育活动、竞赛和目标设定来发展自己的竞争潜力。这些技能将帮助他们在职业领域中脱颖而出，实现个人和职业的成功。

（二）坚韧性和自我管理

体育教育在培养学生的坚韧性、自我管理和目标实现能力方面发挥着关键作用。体育教育教导学生坚韧不拔。在体育比赛和锻炼中，学生面临挑战、疼痛和疲劳，但他们学会坚持下去。这种坚韧性在面对生活中的困难和逆境时非常重要。学生通过体育锻炼培养出的坚韧性有助于他们克服挫折，不轻言放弃，追求成功。体育教育强调自我管理。学生必须自己制定训练计划、管理时间和控制饮食。这培养了他们的自律性和自我控制力。这些品质对于实现目标和成功至关重要。学生在体育锻炼中学会了如何管理自己的行为和决策，这些技能可以在各个领域都得到应用。

体育教育鼓励学生设定和实现目标。学生将自己的目标，如提高速度、增加力量或改进技能,并通过训练和努力来实现这些目标。这有助于培养他们的目标设定和追求能力。学生了解到,通过明确的目标、计划和努力,他们可以实现自己的愿望和抱负。体育教育还强调了合理的竞争和团队协作。学生在体育比赛中既要追求个人成功,又要与队友协作以实现团队目标。这使他们学会了在竞争中保持公平和尊重,同时也学会了在团队中建立良好的合作关系。体育教育提供了一个积极的学习环境,鼓励学生在挑战中成长。学生通过体育锻炼和比赛中的经验,培养了自己的坚韧性、自我管理和目标实现能力。这些品质不仅在体育领域有用,也在学校、职业和生活中都具有重要价值。体育教育通过锻炼学生的坚韧性、自我管理和目标实现能力,为他们的未来发展提供了坚实基础。学生通过体育锻炼培养出的这些品质将在各个领域中产生积极的影响,帮助他们面对挑战,追求成功,并实现自己的梦想和目标。因此,体育教育不仅有助于身体健康,还有助于个人成长和综合素质的培养。

(三)成功和逆境应对

体育教育在教导学生面对挑战、处理失败并寻找成功的途径方面发挥着重要作用。体育教育教导学生面对挑战。运动和体育活动本身就是一种挑战,要求个体不断突破自己的极限。学生在体育课上学会了设定目标,追求卓越,克服困难,努力进步。这些技能可以在生活的其他方面得到应用,帮助他们勇敢面对各种挑战,无论是学术、职业还是个人生活中的挑战。体育教育教导学生处理失败。在体育领域,失败是不可避免的一部分。学生可能会输掉比赛,无法达到预定的目标,或者面对身体上的限制。体育教育教育学生如何接受失败,从中吸取教训,并以积极的态度重新振作起来。这种适应能力对于应对生活中的挫折和失败至关重要。

体育教育教导学生寻找成功的途径。成功不仅仅是取得胜利,还包括个人成长和发展。学生在体育活动中学会了设定可行的目标,制定计划,不断努力,以实现自己的潜力。这些技能也可以应用到其他方面,帮助他们在学业、事业和生活中追求成功。体育教育强调团队合作和互助。学生学会了在团队中协作,支持队友,共同追求共同目标。这有助于培养团队精神和社会支持网络,学生可以相互支持,共同应对生活中的挑战和困难。

体育教育不仅仅是教授运动技能的课程,还是培养学生面对挑战、处理失败和寻找成功途径的关键工具。通过体育活动,学生可以培养目标设定、适应性、坚韧性、团队合作和社会支持等关键技能,这些技能在他们的整个生活中都具有重要意义。体育教育不仅有助于个人的体育发展,还有助于塑造积极的人生态度和价值观,为未来的成功和成就打下坚实的基础。

第三节 学生对体育教学的期望

学生对体育教学有着明确的期望。他们期望体育教育是有趣的。学生希望体验多样化的体育活动,从中获得快乐和满足感。他们期望在体育课上能够参与刺激的比赛和锻炼,以充实自己的学校生活。学生也期望体育教育能够提供技能和知识。他们希望学到各种体育项目的基本技能,同时也理解运动的规则和策略。这些技能和知识可以增强他们的自信心,使他们更好地参与体育活动。学生还期望体育教育有益于身体健康。他们认识到体育锻炼对身体的重要性,希望通过体育教育保持健康的生活方式。他们期望学到关于健康饮食和锻炼的信息,以改善自己的生活习惯。学生也希望体育教育能够培养团队合作和领导力。他们认识到在体育活动中学会与他人合作是重要的社交技能,同时也希望有机会展示自己的领导才能。学生对体育教育期望是多方面的,包括乐趣、技能、健康和社交技能的培养。满足这些期望不仅有助于学生的全面发展,还增强了他们对体育教育的积极参与和投入。学生对体育教学的期望可以分为三个主要章节来论述,每个章节涵盖不同的方面和期望。

一、学生对体育教学的身体健康和技能提高期望

学生对体育教学有着强烈的期望,学生期望通过体育教学实现身体健康。他们意识到身体健康对于全面的幸福生活至关重要。学生希望通过体育课程获得锻炼身体的机会,增强体能,提高免疫力,降低慢性疾病的风险。他们追求更健康的生活方式,希望在体育教学中获取关于营养、健康习惯和生活平衡的知识,以改善他们的生活质量。

学生追求技能的提高和竞技水平的进步。体育教学不仅是身体锻炼,还

是技能培养的过程。学生渴望通过学习不同体育项目的技巧和策略，提高运动表现，成为优秀的运动员。他们希望在比赛中获得成功，感受到胜利的喜悦，同时也学会了解和处理失败。技能的提高帮助他们建立自信心，培养自我驱动力，这些技能不仅在体育领域中有用，还可以在其他生活方面发挥作用。学生对体育教学抱有高期望，这包括身体健康和技能提高。体育教育在满足这些期望方面发挥了关键作用，教育者应认真对待学生的需求，提供多样化的教学方法和机会，以满足他们的期望，帮助他们实现身体健康和技能提高的目标。这不仅有助于个体的发展，也有助于建设更健康、更积极的社会。

（一）健康和体能

学生对体育教学抱有明确的期望，其中身体健康和体能提高是他们的重要关注点。学生期望通过体育教学减少肥胖问题。他们渴望通过积极参与体育活动，控制体重，降低肥胖的风险。体育教学为他们提供了锻炼身体的机会，通过有氧运动和力量训练，帮助他们减脂增肌，改善体形，提高代谢率。学生希望通过体育教学来改善心肺健康，增加心肺耐力。有氧运动如慢跑、游泳和有氧操有助于加强心肺系统，提高氧气输送到身体各部分的效率。学生也关注体能水平的提高。他们希望通过体育教学来提高力量、速度、敏捷性和协调性等各项体能指标。这不仅有助于他们在体育比赛中取得更好的成绩，还增加了日常生活中的活力和应对挑战的能力。学生对体育教学中身体健康和体能提高有着明确的期望。体育教育为他们提供了实现这些目标的机会，通过多样化的体育活动和锻炼方式，满足了学生对健康和体能提高的需求。教育者的任务是激发学生的兴趣，鼓励他们积极参与，帮助他们实现身体健康和体能提高的目标，为他们的未来健康和幸福做出贡献。

（二）运动技能

学生在不同的体育项目中都有期望提高自己的运动技能，无论是足球、篮球、游泳或其他项目，学生希望在足球项目中提高他们的足球技能。他们期望能够掌握传球、射门、盘带等基本足球技巧，并学会如何在比赛中运用这些技能。学生希望通过足球项目提高他们的足球视野、策略和战术意识，以成为更出色的足球运动员。

学生在篮球项目中期望提高他们的篮球技能。他们希望能够投篮准确、运球灵活、防守有力，并学会如何与队友协作。学生追求在篮球比赛中提高他们的篮球智慧，如何做出明智的决策，以及如何适应不同的比赛情境。学生在游泳项目中期望提高他们的游泳技能。他们渴望掌握不同的泳姿，如蛙泳、自由泳和仰泳，并期望提高他们的游泳速度和耐力。学生希望通过游泳项目提高他们的水上安全意识和游泳技巧，以成为更加自信的游泳者。学生也在其他体育项目中有类似的期望。无论是网球、田径、击剑还是滑雪，学生都追求在各自的项目中提高技能水平。他们希望通过练习和训练，不断改进自己的技巧，以在比赛和比赛中表现出色。学生在不同体育项目中也期望培养竞技精神和体育道德。他们希望学会尊重对手、遵守规则和保持公平竞争的精神。这些价值观对于在各个体育项目中取得成功和提高技能都至关重要。学生在不同体育项目中都有期望提高运动技能，这些期望包括掌握基本技能、提高战术意识、培养体育精神和遵守体育道德。无论是哪种体育项目，学生都希望通过持之以恒的练习和训练，不断提高自己的运动水平，以成为更好的运动员。这些期望不仅有助于个人成长，还有助于推动整个体育社区的发展。

（三）健康生活方式

学生对学习健康生活方式有着重要的期望，这包括对饮食、锻炼和心理健康的关注。学生期望了解健康饮食的重要性。他们希望了解食物对身体的影响，以及如何选择营养丰富的食物来保持健康。学生意识到饮食与体能、免疫系统和心理健康之间存在密切关系，因此他们渴望获得关于均衡饮食的知识，以更好地满足身体的营养需求。学生期望学习锻炼对健康的益处。他们希望了解运动对心血管健康、体重管理、肌肉骨骼系统和心理健康的积极影响。学生希望知道如何制定适合自己的锻炼计划，以维持身体的健康和活力。学生越来越关注心理健康的重要性。他们希望了解如何管理压力、焦虑和情绪，以及如何建立积极的心理健康习惯。学生认识到心理健康与身体健康同样重要，因此他们期望学习如何保持平衡和心理健康。

学生对维护健康生活方式的实际方法也有期望。他们想知道如何规划健康的饮食菜单、制定锻炼计划和采用应对压力的策略。学生希望获得实用的技能，能够在日常生活中应用这些健康习惯。学生对学习健康生活方式有着强烈的期望，包括饮食、锻炼和心理健康的重要性。他们渴望获得知识和技能，以改善自己的生活质量，保持身体和心理的健康。教育机构和社会应该满足这些期望，提供全面的健康教育，帮助学生养成健康的生活方式，以促进他们的整体健康和幸福。

二、学生对体育教学的社交和情感期望

学生对体育教学的社交和情感期望是多方面的，这些期望不仅关系到他们的身体健康，还涉及他们的社交互动和情感发展。学生期望在体育教学中建立友谊和社交关系。体育课提供了一个与同学互动和建立友谊的机会。学生希望在体育活动中与他人建立积极的社交关系，分享运动的乐趣，并建立持久的友谊。学生期望在体育教学中获得支持和鼓励。他们希望教练和教育者能够理解他们的需求和感受，提供积极的反馈和鼓励。这种支持有助于提高学生的自尊心和自信心，鼓励他们积极参与体育活动。学生期望在体育教学中培养团队合作和协作的能力。体育课通常涉及团队运动和合作项目，学生希望通过这些活动学会与他人协同工作，共同追求共同的目标。这有助于培养他们的协作和沟通技能，这些技能在社交生活和职业中都非常重要。学生也期望在体育教学中体验乐趣和兴奋。运动和体育活动应该是有趣的，学生希望通过体育教学享受到运动的快乐。这有助于提高他们对体育的积极态度，激发他们参与体育活动的兴趣。学生还期望在体育教学中培养情感智慧和情感管理能力。他们希望学会如何处理竞争中的胜利和失败，如何处理挫折和情绪波动。这种情感智慧对于社交和情感发展非常重要，有助于建立健康的情感关系和情绪稳定。学生对体育教学的社交和情感期望是多元化的，涵盖了友谊建立、支持和鼓励、团队合作、乐趣体验以及情感智慧的各个方面。体育教育不仅有助于身体健康，还有助于学生的社交和情感发展，为他们的综合素质和未来发展提供了重要的支持和机会。

（一）团队合作和社交技能

学生对体育教学抱有明确的期望，其中包括对团队合作、社交技能和友谊的渴望。学生期望通过体育教学培养团队合作技能。他们理解到在现代社会中，团队合作是成功的重要因素之一。在体育教育中，学生参与各种团队体育项目，如篮球、足球和排球等，这为他们提供了与队友协同合作、分工

明确、实现共同目标的机会。通过这些活动，他们学会了倾听、协调、互相支持，以及解决问题的能力，这些技能在职业生涯和社会互动中都至关重要。学生希望通过体育教学发展社交技能。体育活动是一个社交的平台，学生与同学、教练和其他队伍的成员建立联系和互动。他们在比赛中学会了尊重对手、遵守规则、表达感激之情，同时也建立了友谊和共鸣。这些社交技能在日常生活中建立良好的人际关系、解决冲突和建立信任时非常有用。学生重视通过体育教学建立持久的友谊。团队体育活动和合作比赛为学生提供了机会，与同伴建立深厚的友情。共同的目标和经验将他们紧密联系在一起，培养了团队精神和友谊，这些关系可以延续到学校以外的生活领域。学生对体育教学有着明确的期望，包括团队合作、社交技能和友谊。体育教育通过团队活动、社交互动和友谊建立，满足了学生对这些方面的需求。这不仅有助于个人的全面发展，还为未来的职业和社交生活打下了坚实的基础。

（二）自尊和自信

学生在体育教学中期望通过取得运动成就和克服挑战来增强自尊心和自信心。这种期望在体育教育中扮演着至关重要的角色，学生期望通过取得运动成就来增强自尊心。当他们成功完成一项运动任务、获得比赛胜利或达到个人运动目标时，他们感到自己的努力和能力得到了认可，这有助于提高他们的自尊心。这种自尊心的提升不仅影响到他们在体育领域的自信心，还会波及其他方面的自尊心，从而提高他们的综合自我价值感。学生期望通过克服挑战来增强自信心。在体育教育中，学生面临各种挑战，如攻克难关的运动技巧、提高身体耐力或者克服竞争对手。当他们成功地应对这些挑战时，他们感到自己的能力得到了验证，自信心得到了提高。这种自信心的建立有助于他们在面对未来的挑战和困难时更加坚定和积极。学生期望通过与他人合作和竞争来增强自尊心和自信心。在体育教育中，学生不仅与队友协作，还与竞争对手交锋。当他们能够在合作中做出贡献，或者在竞争中表现出色时，他们感到自己在团队中的价值和个人能力的提高，从而增强了自尊心和自信心。学生还期望教练和教育者的支持和认可。当教练和教育者给予他们积极的反馈、指导和鼓励时，学生感到自己受到了关心和认可，这有助于提高他们的自尊心和自信心。教育者的角色在塑造学生的自尊心和自信心中起到了至关重要的作用。学生期望在体育教学中通过取得运动成就和克服挑战来增强自尊心和自信心。这种自尊心和自信心的提升不仅影响到他们的体育表现，还会波及其他方面的自我感受和自信心。体育教育不仅有助于培养健康的身体，还有助于塑造自尊心和自信心，为学生的未来发展提供了坚实的基础。

（三）情感智慧

学生对情感智慧的期望在当今教育中变得越来越重要，包括情绪管理、冲突解决和同理心的培养。学生期望学习情感智慧，以更好地理解和管理自己的情绪。他们希望获得技能，可以认识自己的情感，了解情感对行为和决策的影响。学生渴望学习如何有效地处理情感，包括压力、焦虑、愤怒和悲伤，以及如何在不同情境下保持冷静和情绪平衡。学生期望培养冲突解决的能力。他们明白在生活中不可避免地会遇到冲突和分歧。因此，他们希望学习如何与他人进行建设性的沟通，解决分歧，达成共识。学生渴望了解冲突解决的策略，以促进和谐的人际关系和合作。学生对同理心的培养也有期望。他们希望能够理解他人的感受和情感，站在他人的角度看待问题。学生明白同理心有助于建立互信和共鸣，有助于更好地与他人合作和交往。因此，他们期望学习如何培养和运用同理心，以建立更加积极的人际关系。学生也希望情感智慧能够帮助他们更好地应对社会和情感压力。他们期望学习应对挫折和逆境的策略，以及如何保持情感弹性，适应不断变化的情境。学生对情感智慧有着积极的期望，包括情绪管理、冲突解决和同理心的培养。这些技能对于他们的个人成长、社交技能和情感健康都至关重要。教育机构应该满足这些期望，提供情感智慧的教育，以帮助学生建立情感智慧的技能和意识，为未来的成功和幸福打下坚实的基础。

三、学生对体育教学的趣味和个性发展期望

学生对体育教学的趣味和个性发展有着独特的期望，这些期望反映了他们对体育教育的热情和个人成长的渴望。学生期望体育教学能够激发他们的兴趣和热情。他们希望体验到运动的乐趣，通过体育活动发现自己的潜力和天赋。学生渴望在体育课上参与有趣的运动和游戏，让他们对体育教育充满热情。学生期望体育教学能够尊重他们的个性和兴趣。每个学生都有不同的

体育偏好和才能，他们希望体育教育能够提供多样化的体育活动选择，以满足他们的兴趣和需求。学生也希望能够自由发展自己的体育技能，而不受性别、体型或其他限制的束缚。学生期望体育教学能够培养他们的自信和自尊心。通过取得运动成就，学生可以建立自己的信心，相信自己可以克服挑战并取得成功。体育教育应该提供机会，让每个学生感到自己是有价值的，并能够在体育领域取得进步。学生期望体育教学能够促进他们的个性发展。体育教育不仅仅是教授技能，还应该教导学生如何建立目标、制定计划、处理压力和挫折，以及培养领导力和团队合作精神。学生希望体育教育能够帮助他们在运动之外的领域取得成功，成为全面发展的个体。学生对体育教学有着强烈的趣味和个性发展期望。他们希望通过体育教育获得乐趣，发掘自己的潜力，培养自信和自尊心，以及促进个性的全面发展。体育教育的目标应该是满足这些期望，为学生提供积极的体育体验，并培养他们成为有自信、有潜力、有领导力的个体。这将有助于学生在体育和生活的其他领域中实现成功和成就。

（一）乐趣和娱乐

学生对体育活动的乐趣和娱乐价值有着强烈的期望，而创造有趣的教学环境是满足这些期望的关键。学生期望通过体育活动获得乐趣。他们看重体育教学作为一种娱乐方式，希望在运动中找到快乐和享受。在有趣的体育活动中，学生可以释放压力、减轻焦虑，同时提升情绪状态。这种积极的体验有助于培养积极的体育态度，促使他们更积极地参与体育教学。学生希望通过体育教学培养自己的娱乐技能。他们追求在各种体育项目中取得进步，享受技巧提高的过程。体育教育应该为学生提供多样性的运动和游戏，让他们可以发挥自己的兴趣和天赋，同时提供挑战和刺激。创造有趣的教学环境至关重要。教育者可以通过丰富多彩的教学方法和教材，激发学生的兴趣。游戏化教育、竞技比赛和趣味性的训练活动都可以增加体育教学的吸引力。积极的教练和教育者可以传递热情，鼓励学生积极参与，为他们创造积极的体育体验。学生对体育活动的乐趣和娱乐价值有着明确的期望，这对于体育教育非常重要。通过创造有趣的教学环境、提供多样化的运动项目和鼓励积极的体育态度，体育教育可以满足学生的期望，使他们享受到体育活动的乐趣，同时也促进了身体健康和全面发展。

（二）创造力和创新

学生期望在体育教学中有机会发展创造力和创新思维，不仅仅局限于运动技巧，还包括战术策略和运动表现等方面。学生希望能够在运动技巧方面展现创造力。他们期望教育者鼓励他们尝试新的技巧和动作，而不仅仅是机械地复制传统的方法。通过探索和创新，学生可以发现适合自己的独特技巧，并在比赛中展示出色的运动表现。学生期望在战术策略方面展现创新思维。他们希望能够与教练和队友一起思考战术，制定新的比赛策略，以应对不同的对手和比赛情境。这鼓励他们思考问题的不同角度，寻找创新的解决方案，并提高团队在比赛中的竞争力。学生希望在运动表现方面有机会展现创新。他们追求在比赛中采用创新的运动策略，如出人意料的动作、突破性的战术和协作式的团队表现。通过不断尝试新的方法，他们可以提高比赛的乐趣，并在竞技中创造令人瞩目的瞬间。

学生还期望在体育教育中培养创新精神。他们希望通过挑战传统观念、提出新的想法和解决问题的方式来培养创新思维。这种创新精神不仅在体育领域有用，还会在其他学科和生活中产生积极影响。学生认识到创造力和创新思维是综合素质的一部分，不仅有助于体育表现，还有助于终身学习和成功的职业生涯。他们期望体育教育能够帮助他们培养这些重要的技能，为未来的发展做好准备。学生期望在体育教学中有机会发展创造力和创新思维，包括运动技巧、战术策略和运动表现等各个方面。体育教育可以提供一个激发创新的环境，鼓励学生尝试新的方法和思考问题的不同角度。这有助于他们不仅在体育领域取得成功，还在生活的各个领域中表现出色。

（三）个性发展

学生对体育教学中对个性特点和兴趣爱好的尊重和支持有着明确的期望，这有助于他们发展自己的独特潜力。学生期望体育教学能够尊重他们的个性特点。每个学生都是独一无二的，拥有不同的身体特征、能力和体育兴趣。他们希望体育教育不仅仅是一种标准化的教学方法，而是能够根据个体差异来定制的。学生希望教师能够理解他们的个人需求和能力水平，并提供个性化的指导和支持。学生期望体育教学能够鼓励他们发展自己的兴趣爱好。体育领域有着丰富多样的运动和活动选择，学生希望有机会探索和发展自己热爱的运动。他们渴望体验不同类型的体育项目，从而找到最适合自己的。学生也希望有机会参与课外体育活动，进一步深化他们的兴趣和技能。

学生希望体育教育能够鼓励他们尝试新事物。他们理解体育教育的目标不仅是提高技能水平，还包括培养勇气、探索精神和冒险精神。学生希望在一个支持和鼓励尝试新挑战的环境中学习，而不是害怕失败或被限制在舒适区域。学生也期望体育教育能够传授终身体育的重要性。他们希望明白体育活动不仅仅是在学校阶段的一项课程，而是终身健康的一部分。学生渴望学习如何在日常生活中继续参与体育活动，保持健康和活力。学生对体育教学中对个性特点和兴趣爱好的尊重和支持有着明确的期望，这有助于他们发展自己的独特潜力。教育机构应该满足这些期望，提供个性化的体育教育，鼓励学生探索和发展自己的兴趣和能力，以建立积极的体育体验和健康的终身体育习惯。

第四节 社会与技术发展对体育教学的影响

社会与技术发展对体育教学产生了深刻的影响。社会的变革和科技的进步塑造了现代体育教育的面貌，同时也提供了新的机会和挑战。社会的健康意识不断提高，促使体育教学更加注重身体健康和生活方式。人们越来越关注预防性健康保健，体育活动成为维护健康的重要手段。体育教学需要适应这一社会趋势，强调身体素质的培养和健康知识的传授。科技的进步为体育教学带来了创新。虚拟现实技术、视频分析软件和电子健康记录系统等现代技术应用于体育教学，提供了更丰富的教育工具和体验。学生可以通过虚拟现实沉浸式体育教育获得更真实的体验，教师可以使用视频分析软件来改进教学方法，而电子健康记录系统使教育者能够更好地跟踪学生的健康状况和进展。社交媒体和电子媒体的兴起影响了体育教学的传播和互动。教育者可以利用社交媒体平台来与学生互动、分享教学资源，同时学生也可以通过这些平台参与讨论和分享体育经验。这拓展了教育的边界，使体育教学不再局限于课堂。社会与技术发展对体育教学带来了积极的影响，强调了健康、创新和互动。体育教学需要不断适应这些变化，以更好地满足学生和社会的需求，促进身体健康、全面发展和现代化教育的融合。

一、社会变革对体育教学的影响

社会变革对体育教学产生了广泛而深远的影响，这一影响体现在多个方面。社会变革改变了体育教学的目标和内容。随着人们对健康和生活方式的关注增加，体育教育的重点从仅仅培养竞技能力转向了全面的身体健康和综合素养。现代体育教学更强调促进健康生活方式、提高体育素养和发展社交技能，以适应社会的多样性需求。社会变革引入了新的技术和教育工具，改变了体育教学的方式。虚拟现实、视频分析、电子健康记录等现代技术为教育者提供了更多创新的教学方法。这些工具不仅增加了体育教学的趣味性，还提供了更多的数据和反馈，有助于学生更全面地理解和改善他们的体育表现。社会变革也带来了对体育教育的多元化需求。不同文化、背景和能力的学生对体育教学有不同的期望和需求。体育教育需要更加包容，满足各种学生的需求，推动社会的多元化和包容性。社会变革还强调了体育教育的社会责任。教育者被要求不仅仅传授体育知识和技能，还要强调公平、道德和社会价值观。体育教育不仅是个体发展的工具，还可以塑造更美好、更公平的社会。社会变革对体育教育带来了深刻的影响，重新定义了目标、改变了教学方式，促使教育者更多地关注多元化和社会责任。体育教育必须适应社会的变化，以满足不断变化的需求，同时也促进个体和社会的发展

（一）社会价值观的变化

社会价值观的演变对体育教学产生了深刻的影响，健康意识的兴起改变了体育教学的重点。随着社会对健康和生活方式的关注不断增加，体育教育不再仅仅注重竞技能力的培养，还更加强调促进学生的身体健康。教育者通过教授有关健康饮食、锻炼习惯和心理健康的知识，帮助学生建立健康的生活方式，培养终身体育习惯。社会变革引发了多元文化社会的出现，学生的背景和文化差异更加明显。体育教育应该尊重和反映不同文化的特点，提供多元化的体育项目和教学方法，以满足不同背景学生的需求，并促进文化理解和尊重。社会价值观的演变对体育教学产生了深远的影响，体现在健康意识、性别平等和多元文化的兴起。教育者需要不断适应这些变化，以满足学生的需求，促进个体和社会的全面发展。同时，体育教育也有助于传播这些重要的社会价值观，为更加公平、包容和健康的社会做出贡献。

（二）人口结构的变化

社会中的年龄结构和人口组成的变化，对体育教学带来了一系列挑战和机会。老龄化社会的挑战：随着人口老龄化的加剧，体育教学面临了挑战。老年人对体育活动的需求不断增加，需要适应他们的健康状况和需求，为他们提供适当的运动项目和教育。体育教育者需要考虑如何调整课程，以满足不同年龄段学生的需求，同时重视老年人的健康和社交福祉。老龄化社会的机会：随着老年人对体育活动的需求增加，体育教育可以成为促进健康老龄化的关键工具。学校和社区可以提供针对老年人的健康促进计划，包括适龄的体育活动和锻炼课程。这为体育教育提供了机会，可以拓展受众群体，同时促进社会的整体健康。社会中年龄结构和人口组成的变化对体育教学带来了挑战和机会。老龄化社会需要体育教育适应老年人的需求，同时为健康老龄化提供支持。体育教育者需要灵活适应这些变化，以更好地满足不同群体的需求，并为社会的整体健康和文化多样性做出贡献。

（三）文化多元化

社会的文化多元化对体育教学产生了深远的影响，涉及不同文化传统和价值观的融合，为体育教育提供了丰富的视角和机会。文化多元化丰富了体育教学的内容。不同文化传统带来了各种不同类型的体育活动和运动，如足球、篮球、羽毛球、瑜伽、柔道等。这种多元化的内容使学生有机会接触和体验不同的运动，有助于他们更全面地提高身体素质。在体育教学中，学生可以学习和借鉴不同文化的运动技巧和策略。不同文化对体育竞技和团队合作有不同的看法和重视点。一些文化强调个体竞争，而另一些文化更注重集体利益和团队精神。体育教育可以帮助学生理解和尊重不同文化的价值观。文化多元化还在体育教学中强调了文化敏感性和包容性。这有助于创造一个包容性的体育教育环境，让每个学生都感到受到尊重和欢迎。社会的文化多元化对体育教学产生了深刻的影响，丰富了教学内容，促进了文化传统的融合，强调了文化价值观和道德观的多样性，以及提醒我们要考虑到不同文化的教育需求和尊重。

二、教育政策和社会趋势对体育教学的影响

教育政策和社会趋势对体育教学产生深远的影响，塑造了体育教育的发展方向和重要性。教育政策对体育教学的资源分配产生重要影响。政府和学校管理机构的政策决定了体育教育的预算、设施、人员和课程发展。如果政策倾向于支持体育教育，学校将能够提供更多的体育活动和资源，使更多的学生受益。社会趋势对体育教学的需求和内容产生影响。随着社会变革和技术进步，人们的生活方式发生了变化，影响了体育教育的调整。例如，随着电子娱乐的项目增多，青少年可能更倾向于室内活动，这可能需要更多关于健康和运动的教育，以鼓励他们保持身体活跃。同时，社会对多元化和包容性体育教育的需求也在增加，要求体育教育更好地满足不同背景和需求的学生。

教育政策和社会趋势对体育教学的教育方法和内容产生影响。政策可能鼓励采用现代教育技术，如虚拟现实和在线教育，以提供更多的学习机会。同时，社会对体育教育的期望也在不断演变，要求体育教学更注重全面素质培养，包括身体健康、团队合作、领导技能等方面，而不仅仅是技术和竞技。教育政策和社会趋势还对体育教育的评估和监测产生影响。政策可能要求学校对体育教育的质量和成效进行定期评估，以确保学生得到良好的教育。社会趋势也可能影响到评估标准，例如，将更多关注学生的综合发展而不仅仅是竞技成绩。教育政策和社会趋势还可以促进体育教育的研究和创新。政策可能鼓励学校和教育者开展研究，以改进体育教学方法和内容。社会趋势也可能促使教育者不断追求创新，以适应不断变化的学生需求和社会背景。教育政策和社会趋势对体育教学有广泛而深远的影响，从资源分配到教育内容和方法，再到评估和创新。体育教育需要与这些因素保持密切关注和适应，以确保能够满足学生的需求，并为他们提供全面的体育教育。

（一）政府政策和资金投入

政府对体育教育的政策支持和资金投入在改善体育教学的质量和普及率方面发挥了关键作用。政府通过颁布相关法律法规和政策文件，明确了体育教育的重要性和地位。这些法规要求学校必须提供一定数量的体育课程和体育设施，确保学生有平等的体育机会。政府政策还鼓励学校和社区团体开展

体育活动，提供培训和竞技机会。政府通过资金投入改善体育教学的设施和资源。政府资助学校修建和改善体育场馆、健身房和操场，确保学生有良好的锻炼环境。政府还拨款购置体育装备和教材，提供培训机会，以提高教育者的专业水平。政府通过推出奖学金和体育补助计划，鼓励学生积极参与体育活动。这些计划提供资金支持，帮助有潜力的学生参与竞技体育，同时也鼓励广大学生参加体育俱乐部和团队，提高普及率。

政府还促进了体育教育的研究和评估，以确保教学质量。资助体育教育研究项目，推动教育者采用最新的教学方法和最佳实践。政府还制定了评估标准，对学校的体育教育进行监督和评估，以确保达到高质量的教育水平。政府的政策支持和资金投入对于改善体育教育的质量和普及率至关重要。政府的努力有助于确保每个学生都有平等的体育机会，提高了体育教学的质量，促进了体育活动的普及，为培养健康的社会做出了积极的贡献。

（二）体育平等和包容性

促进体育平等、性别平等和包容性教育是重要的社会目标，旨在满足不同群体的需求，消除歧视，并创造一个公平和包容的体育教育环境。促进性别平等是至关重要的。体育教育需要采取积极措施，如提供平等的运动机会、公平的奖励体制和鼓励女性参与领导和教练角色。体育平等也是一个关键目标。体育应该为所有人提供平等的机会，不论他们的能力、残疾或特殊需求。体育教育者需要适应不同学生的需求，提供适当的支持和资源，以确保每个人都能参与体育活动，并获得成功的机会。这可以通过提供无障碍设施、个性化教学和特殊奖励项目来实现。包容性教育是关键。体育教育需要欢迎多元文化、多样性性取向和性别认同的学生。体育教育者需要创造一个包容的环境，鼓励学生尊重和理解不同背景的同学，并防止欺凌和歧视的发生。这可以通过教育性别和文化敏感性、提供平等的参与机会和采用多样化的教材来实现。

教育政策和社会倡导对体育平等、性别平等和包容性教育的支持也至关重要。政策可以制定反歧视法律，鼓励学校采取积极措施，确保平等和包容性原则得到贯彻。社会倡导团体可以发挥作用，促使社会对这些问题有更广泛的关注，并推动变革。促进体育平等、性别平等和包容性教育是为了满足不同群体的需求，消除歧视，创造一个公平和包容的体育教育环境。这需要教育者、政策制定者和社会共同努力,以确保每个学生都能享受平等的体育权利,并在体育教育中获得成功。

(三)社会变革和文化影响

社会变革对体育教学带来了深刻的文化影响,影响体育活动的社会含义、体育明星的影响力以及新媒体的兴起。社会变革重新定义了体育活动的社会含义。体育不再仅仅是身体锻炼和竞技比赛的象征,它已经演变成了一个具有广泛社会意义的文化现象。体育现在被视为促进社会和谐、团队合作、公平竞争和身体健康的平台。这种社会含义的变化直接影响了体育教学的目标和方法,强调了培养学生的社会责任感、领导能力和合作精神。社会变革加强了体育明星的影响力。体育教育现在需要更多地关注体育明星的正面榜样作用,鼓励学生追求卓越,并借鉴明星的价值观和职业道德。新媒体的兴起改变了体育教学的传播方式。社交媒体、视频分享平台和在线体育新闻使体育教育更具互动性和多样性。教师可以利用新媒体来分享体育知识、教学资源和学生表现,增强学生的参与度和学习体验。然而,也需要教导学生如何利用新媒体获得可靠的体育信息,培养批判性思维和媒体素养。社会变革对体育教学产生了文化影响,重新定义了体育活动的社会含义,增强了体育明星的影响力,以及借助新媒体改变了教学方式。这些变化提醒我们体育教育不仅仅是技能传授,还涉及社会价值观、媒体素养和社会互动的层面。教育机构需要适应这些变化,为学生提供与时俱进的体育教育,以满足社会的需求和期望。

第五节 体育产业的崛起与对教学的影响

体育产业的崛起对教学产生了深远的影响。这一产业的迅速发展不仅改变了体育的商业模式,还影响了体育教育的内容和方法。体育产业的崛起带来了更多的职业机会。体育已经成为一个庞大的产业,包括体育媒体、体育用品、体育赛事和体育管理等多个领域。这意味着学生在体育领域有更广泛的就业机会,从而对体育教学提出了新的要求,需要培养学生的职业技能和商业意识。体育产业的崛起推动了体育科学和技术的进步。为了提高竞技水平和运动员的表现，科学家和技术人员不断研究运动生理、训练方法和装备设计。这些进步也影响了体育教学，使教育者能够更好地理解运动原理，改进教学方法，提供更有效的训练和指导。

体育产业的发展也影响了体育教育的内容。学校和大学开始提供更多与体育产业相关的课程，如体育管理、体育营销和体育法律等。这些课程旨在培养学生的专业知识，以满足体育行业的需求。体育产业的崛起改变了人们对体育的认知和参与方式。体育赛事的广泛传播和体育明星的崛起激发了更多人参与体育活动。这增加了学生对体育教育的兴趣，同时也提高了他们对体育的期望，希望通过体育教育获得更多的技能和机会。体育产业的崛起对教育产生了广泛而深远的影响。它拓展了就业机会，推动了科学研究，改变了教育内容，提高了体育教育的吸引力，使教育者需要不断适应这一变化，以更好地培养学生，满足体育产业的需求。

一、体育产业的兴起和多元化

体育产业的兴起和多元化在当代社会表现得愈发显著，对体育教育和体育教学产生了深刻影响。体育产业的兴起带来了更多的体育就业机会。随着体育产业的扩张，涵盖了体育赛事、媒体、健康与健身、体育装备等多个领域，创造了大量的就业机会。这反过来也激励着学生对体育教育的热情，因为他们看到了在体育领域取得成功的机会。体育产业的多元化丰富了体育教学的内容。教育者可以结合不同体育领域的发展趋势，引入多样性的课程内容。例如，引入电子竞技课程，教授电子游戏与电子竞技的战略技能，满足了学生对新兴体育领域的兴趣。

多元化的体育产业也为体育教育提供了更多的合作机会。学校可以与体育俱乐部、体育装备制造商、健康与健身中心等合作，为学生提供实践机会和实地考察。这样的合作不仅丰富了体育教育的教学内容，还为学生提供了更广泛的职业发展途径。体育产业的多元化也影响了体育教育的教育方法。教育者需要适应不同领域的发展，灵活运用不同的教学方法，以满足不同学生的需求。例如，使用现代技术进行虚拟体育教学或视频分析，提高了教育效果。体育产业的兴起和多元化为体育教育带来了更多的机会和挑战。教育者需要不断更新教育内容和教学方法，以适应多元化的体育产业发展，为学生提供更丰富、更具吸引力的体育教育体验。这不仅有助于满足学生的需求，还为他们的职业和未来发展提供了更广泛的选择。

（一）体育媒体和娱乐

体育电视、数字媒体和社交媒体等媒体形式在推动体育产业增长方面发挥了关键作用，同时对体育教学的信息传播产生了深远影响。体育电视一直是体育产业的支柱之一。通过全球性的体育赛事转播，体育电视为广告商提供了广阔的宣传渠道，吸引了大量赞助和广告投入。这为体育赛事提供了更多的经济支持，促进了体育产业的增长。同时，体育电视也将体育赛事带入家庭，激发了人们的兴趣，鼓励更多人参与体育活动。数字媒体如互联网和移动应用程序已经改变了体育产业的格局。体育赛事的在线直播和数字化内容传播使观众可以随时随地观看比赛，增加了观众的互动和参与。数字媒体也为体育产业提供了新的商业模式，如订阅服务和电子竞技。这进一步推动了体育产业的增长，并为体育教学提供了更多的教学资源和信息。

社交媒体的崛起改变了体育产业的传播方式。运动员、俱乐部和体育品牌可以通过社交媒体直接与粉丝互动，建立更紧密的关系。这有助于促进品牌推广和粉丝忠诚度。社交媒体也成为体育新闻的传播平台，提供实时更新和粉丝互动的机会。这为体育教学带来了更丰富的实例和案例研究，丰富了教学内容。体育电视、数字媒体和社交媒体等媒体形式在推动体育产业的增长方面发挥了关键作用，为体育赛事提供了更多的曝光和经济支持。同时，它们也对体育教学的信息传播产生了深远影响，提供了更多的教学资源和实例。这些媒体形式将继续在体育产业和教育领域发挥重要作用，塑造未来的体育教育和娱乐体验。

（二）体育赛事和体育经济

体育赛事、奥运会和大型锦标赛已成为全球体育产业的关键组成部分，它们不仅为体育迷提供了精彩的娱乐，还激发了学生对体育的兴趣和参与。这些赛事为体育产业提供了巨大的商机。全球体育赛事吸引了数十亿的观众，成为了广告商和赞助商的理想平台。企业纷纷投资赛事赞助、广告宣传和产品推广，从而推动了体育产业的发展。这种商业机会不仅带动了体育经纪、体育媒体、体育装备和体育旅游等领域的繁荣，还为学生提供了广泛的就业机会。这些赛事激发了体育教育的热情。大型赛事如奥运会和世界杯吸引了全球观众的关注，学生们常常会被比赛中的精彩表现所吸引。这些赛事不仅促使学生对体育产生浓厚的兴趣，还激发了他们参与体育活动的欲望。学校和教育机构可以借此机会，开展更多的体育教育项目，提供专业的体育培训，培养未来的运动员和体育从业者。

国际赛事汇聚了来自不同国家和文化背景的运动员和观众，促进了相互之间的交流和友谊。这有助于学生更好地理解世界各地的文化和习俗。体育教育可以借此机会，推广国际体育交流，为学生提供更广泛的视野和体验。大型赛事还可以激发学生的体育梦想。许多学生梦想着成为职业运动员，参加国际比赛。大型赛事的成功故事和英雄人物激励着他们追求体育的卓越。这种激励作用可以推动学生更加努力地训练和学习，追求体育梦想，不仅在运动领域取得成功，还在生活中获得自信和坚韧。体育赛事、奥运会和大型锦标赛已经成为全球体育产业的重要组成部分，它们不仅为商业机会提供了巨大的潜力，还激发了学生对体育的兴趣和梦想。这些赛事在推动体育产业繁荣的同时，也为教育体育和学生的综合发展提供了丰富的资源和激励。

（三）体育装备和技术

体育装备和技术的创新对体育教学的技术应用产生了深远的影响。智能运动装备的出现改变了体育教学的方式。这些装备配备了传感器和数据采集设备，可以实时监测运动员的运动数据，如速度、力量、心率等。教育者可以利用这些数据来分析学生的表现，为他们提供个性化的指导和反馈。智能运动装备还可以通过虚拟现实技术模拟不同运动场景，提供更真实的体验，增强学生的参与和学习兴趣。数据分析工具的应用有助于深化体育教学的理论和实践。教育者可以使用数据分析工具来研究运动员的表现趋势和模式，揭示他们的优点和不足。这些分析有助于制定更科学的训练计划和战术策略，提高运动员的竞技水平。数据分析工具还可以用于评估体育课程的效果，优化教学方法和内容。

技术创新还扩展了体育教育的教学领域。在线教育平台和视频分析工具使教育者可以远程教授体育课程，提供更灵活的学习方式。学生可以通过在线资源学习体育理论和技巧，随时随地获得教育支持。体育装备和技术的创新丰富了体育教学的教育工具和资源，提高了教学的效率和质量。智能运动装备和数据分析工具帮助教育者更好地了解学生的需求,提供个性化的指导,优化训练计划。在线教育和视频分析工具使教育普及范围扩大,为更多人提供了体育教育的机会。这些技术应用不仅促进了体育教育的发展,还为学生提供了更多的学习选择和体验。

二、体育产业对教学资源的影响

体育产业对教学资源产生广泛的影响,这种影响涵盖了教育体育领域的多个方面。体育产业提供了丰富的教材和资源。体育产业涵盖了各种体育用品、设备、技术和出版物。学校和教育机构可以从体育产业中获得各种教学工具,如运动装备、计时器、运动科技设备和教科书。这些资源可以帮助学生更好地理解和参与体育活动,同时提供了实践和应用的机会。体育产业为教育提供了合作和赞助机会。体育产业不仅包括专业体育联赛和俱乐部,还包括体育品牌、媒体公司和赞助商。学校和大学可以与这些产业合作,举办体育比赛、活动和赛事。这不仅为学生提供了参与和竞技的机会,还为教育机构提供了资金支持和资源赞助。体育产业推动了体育科研和创新。体育产业不断推动运动科技和运动医学的发展,为教育研究和实践提供了新的知识和方法。例如,运动科技公司开发了各种运动分析工具,可以帮助教育者更好地理解学生的运动技能和表现,从而提供更有效的教学。体育医学研究也得益于体育产业的支持,有助于提高学生的健康和安全。体育产业促进了体育媒体和传播。体育媒体公司和平台不仅报道专业体育赛事,还宣传学校和社区体育活动。这有助于提高体育教学的知名度和参与率,鼓励更多学生参与体育活动。体育产业也影响了职业发展和就业机会。体育产业提供了各种职业岗位,从教练和体育管理人员到运动员和体育记者。这为学生提供了广泛的职业选择,可以在体育领域追求自己的兴趣和事业。体育产业对教学资源的影响是多方面的,包括提供教材和工具、合作和赞助机会、推动科研和创新、促进媒体宣传以及提供职业发展机会。这种影响有助于丰富体育教育的内容和体验,为学生提供更多的学习机会和发展空间。

(一)教材和课程发展

体育产业的蓬勃发展对教材和课程的发展产生了深远的影响,尤其是与体育赛事相关的教育资源和案例研究。体育产业为教育提供了丰富的实践案例。体育赛事、运动队和体育明星成为案例研究的重要素材。教育者可以通过分析不同体育赛事的策略、管理模式和运营机制，为学生提供实际案例，培养他们的分析和解决问题的能力。这些案例研究也可以帮助学生了解体育产业的内部运作和商业模式，为未来的职业发展做好准备。体育产业为教材的编写提供了丰富的素材。教育者可以引用体育赛事的实例来说明管理、市场营销、领导力等多个领域的原理和概念。这使得教育内容更具实际应用性，吸引学生的兴趣。教材中的体育案例也有助于学生将理论知识与实际情境相结合，更好地理解和运用所学的知识。体育赛事和运动明星的成功故事成为激发学生兴趣和潜力的教育资源。这些成功案例可以用来鼓励学生追求自己的梦想，培养坚韧、毅力和团队协作精神。同时，教育者也可以从这些成功案例中提取出领导、管理和营销等方面的教训，为学生传授实用的技能和经验。体育产业对教材和课程的发展产生了积极的影响。与体育赛事相关的教育资源和案例研究丰富了教育内容，提供了实际案例和素材，激发了学生的学习兴趣。这有助于培养学生的综合素养，使他们更好地适应未来的职业和社会挑战。同时，体育产业的成功案例也为学生提供了榜样和启发，鼓励他们积极追求自己的目标和梦想。

（二）体育设施和技术设备

体育产业的投资对学校和大学体育设施以及技术设备的影响，已经显著提高了体育教学的质量和学生的体验。体育设施的改善为学生提供了更好的训练和比赛场地。体育场馆的升级和现代化设施的建设使学生能够在更安全、更舒适的环境中参与体育活动。这不仅提高了学生的体验，还增加了他们参与体育的积极性。学生在高质量的体育设施中进行锻炼，可以更好地发展体能，提高技能水平，培养领导力和团队协作能力。

技术设备的应用改善了体育教学的效果。体育科技的发展为教育者提供了各种工具和资源，用于分析和改进学生的运动技能。运动分析软件、传感器和虚拟现实技术等工具可以帮助学生更好地理解自己的动作和技巧，同时为教育者提供了更多的教学资源。这使得体育教学更加科学化和个性化，有助于学生更快地提高运动技能。体育产业的投资鼓励了校园体育文化的发展。学校和大学通过举办体育赛事、锦标赛和体育节目，营造了积极的体育氛围。

这激发了学生对体育的兴趣和参与意愿，鼓励他们积极参与体育活动，提高体育素养。体育产业的合作和赞助也为校园体育活动提供了资金支持，增加了体育教育的多样性和丰富性。

体育产业的投资也提高了学生的竞技水平。投资在训练设备、教练员和体育科研方面，有助于提高学生在竞技体育中的表现。学校可以吸引优秀的教练和运动员，为学生提供更高水平的指导和竞技机会。这不仅提高了学生的运动技能，还为他们赢得奖项和荣誉提供了机会。体育产业的投资对学校和大学体育设施和技术设备的改善，显著提高了体育教学的质量和学生的体验。通过提供先进的设施和科技，校园体育文化的促进以及竞技水平的提升，体育产业的投资为学生提供了更丰富的体育教育资源，有助于他们在体育领域获得成功。

（三）教师培训和职业发展

体育产业对体育教师培训和职业发展产生了深远的影响，通过提供专业认证和合作机会为体育教师创造了更多的职业发展途径。体育产业为体育教师提供了专业认证的机会。越来越多的体育教育课程和培训项目与体育产业合作，以确保培养出具备行业认可的教育专业人员。这些认证通常包括教练资格证书、健康与体育管理证书以及运动科学等领域的专业认证。这不仅提高了教师的专业水平，还增加了他们在就业市场上的竞争力。体育产业为体育教师提供了合作机会。教师可以与体育产业的专业人员、教练和运动员合作，参与训练营、体育赛事和体育科研项目。这些合作机会不仅丰富了教师的教学经验，还帮助他们建立了行业内的人际关系，有助于职业发展和就业机会的拓展。体育产业还为体育教师提供了继续教育的机会。行业内的不断发展和创新意味着教师需要不断更新自己的知识和技能。体育产业举办的研讨会、培训课程和研究项目为教师提供了学习和成长的平台，帮助他们跟上行业的最新趋势和发展。体育产业也为体育教师提供了多样化的职业选择。除了传统的学校教育岗位，教师可以考虑在体育产业的其他领域工作，如体育管理、体育营销、健康促进和体育科学等。这种多样化的职业选择有助于教师找到适合自己兴趣和能力的职位，并实现个人职业目标。体育产业对体育教师培训和职业发展产生了积极的影响。通过专业认证和行业合作机会，体育产业提供了更多的职业发展途径和资源，帮助教师提高了自己的专业水平,扩展了职业选择,为他们的职业发展打开了更广阔的前景。

三、体育产业对教学方法的影响

体育产业对教学方法产生了深刻的影响,塑造了体育教育的发展和取向。体育产业的商业化趋势已经影响了体育教学的内容。广告赞助、体育用品销售和电视转播等商业活动已经成为体育产业的重要组成部分。这使得学校和教育机构更关注培养学生的商业意识和管理能力。体育教学现在不仅仅是技术和战术的传授,还包括商业和管理方面的知识,以适应体育产业的需求。体育产业的全球化对教学方法提出了新的挑战。跨国公司、国际体育赛事和全球市场的崛起使体育教育需要更加国际化的视角。学生需要了解不同文化背景下的体育发展和市场机会。因此,体育教学需要强调沟通、国际体育政策和全球市场的理解。

体育产业的科技进步也影响了教学方法。运动科学、生物力学、数据分析和虚拟现实等技术的应用已经改变了运动训练和体育教育的方式。教师需要掌握这些新技术,以更好地分析和改进学生的运动技能。互联网和社交媒体也为教师提供了与学生互动和分享教学资源的新途径。体育产业对职业发展的影响也在体育教学中显现。学生现在更关注职业体育员的榜样和机会。体育教育需要提供职业发展方面的指导和资源,帮助学生更好地准备进入体育产业。这可能包括职业规划、实习机会和行业关系的建立。体育产业对教学方法产生了广泛而深远的影响。它已经促使体育教育更加关注商业化、国际化、科技化和职业发展的方向。教育机构需要不断适应这些变化,以确保体育教育能够满足学生的需求,并培养出适应现代体育产业的专业人才。

(一)技术应用和数据分析

体育产业的技术应用,包括视频分析、虚拟现实和运动科学,对于改进体育教学的方法和策略产生了积极影响。视频分析技术为教育者提供了强大的工具,以更深入地分析和评估运动员的表现。通过录制和分析比赛录像,教育者可以识别运动员的技术问题、战术错误和改进空间。这种详细的反馈有助于制定个性化的训练计划和指导,帮助学生提高技能水平。虚拟现实技术为体育教学提供了沉浸式的体验。学生可以通过头戴式显示器和运动追踪设备参与虚拟体育活动,模拟真实的比赛和训练场景。这种技术提供了更丰富的学习体验,增强了学生的参与度和兴趣。教育者可以借助虚拟现实创建多种教学情境,帮助学生理解战术和策略,提高运动技能。运动科学的应用加强了体育教学的科学性和可测量性。通过运动科学的知识,教育者可以更好地了解运动员的生理和生物力学特征,制定更科学的训练计划和体能测试。运动科学也提供了健康和营养方面的专业知识,帮助学生维持最佳的身体状态。体育产业的技术应用为体育教学注入了新的活力和效率。视频分析、虚拟现实和运动科学等技术工具提供了更丰富的教学资源和方法,使教育者能够更好地满足学生的需求,提高教学质量。这些技术应用不仅丰富了体育教学的内容和体验,还提供了更科学的方法和策略,有助于培养出色的运动员和健康的学生。

(二)实践体验和实习机会

体育产业提供的实践体验和实习机会对学生将理论知识应用到实际情境中具有重要意义。实践体验丰富了学生的知识和技能。学生通过参与实际体育项目,亲身体验运动管理、教练指导、体育行政等方面的工作。这使得他们能够将课堂上学到的理论知识应用到实际问题中,深化对体育产业的理解。例如,一位学生可能在体育实习中学会了如何协调赛事,制定运动训练计划,或者管理体育团队,这些都是通过实际体验才能真正掌握的技能。实习机会提供了职业发展的平台。学生在实习中可以建立与业界专业人士的联系,建立自己的职业网络。这有助于他们将来找到工作和职业发展。实习经验也可以为学生提供职业方向的指导,帮助他们了解自己的兴趣和潜力,从而更好地规划未来的职业道路。实践体验和实习机会培养了学生的实际问题解决能力。在实际情境中,学生可能会面临各种挑战和困难,需要灵活应对。这锻炼了他们的解决问题的能力,培养了创新思维和应变能力。学生不仅要理解理论知识,还要能够将其应用到复杂的实际情境中,找到最佳解决方案。实践体验还提高了学生的自信心和职业素养。通过实际参与体育项目,学生可以感受到自己的成就和贡献,增强了自信心。他们也学会了职业道德、沟通技巧和团队合作,这些是在职场中至关重要的素养。体育产业提供的实践体验和实习机会为学生将理论知识应用到实际情境中提供了宝贵机会。通过丰富的经验,建立职业网络,培养问题解决能力,提高自信心和职业素养,学生能够更好地为将来的职业生涯做准备。这些经历不仅有助于他们在职场中获得成功，还丰富了他们的教育经历。

（三）职业导向教育

体育产业对职业导向教育产生了深刻的影响，推动了体育管理、体育医学和体育科学等职业领域的快速发展和壮大。体育产业的商业化趋势加速了体育管理领域的发展。越来越多的专业体育俱乐部、体育赛事和健身机构需要有资质的体育管理人才来管理运营、赛事策划、市场推广和财务规划等方面的工作。体育产业为体育管理教育提供了更多的机会，学生可以学习管理原理、市场营销、财务管理等相关知识，为成为体育经理、体育市场营销专家或健身中心经理奠定了基础。体育医学领域也得到了体育产业的支持和发展。体育医学专家在运动员的健康管理、运动损伤的预防和康复方面发挥了重要作用。体育产业的需求推动了体育医学教育的增长，培养了更多的运动医师、物理治疗师和运动营养师。这些专业人才为运动员提供了高水平的医疗保健服务，同时也在体育产业中发挥了积极作用。体育科学领域在体育产业的推动下迅速壮大。运动科学家、运动生理学家和运动心理学家等专业人才的需求不断增加，以帮助运动员提高竞技水平和健康状况。体育产业的投资和合作加速了体育科学研究和教育的发展，为学生提供了更多机会，培养了未来的体育科学家和运动性能专家。体育产业对职业导向教育产生了积极的影响，推动了体育管理、体育医学和体育科学等职业领域的快速发展。这些领域的发展不仅提供了更多的职业选择，还为学生提供了丰富的教育资源和实践机会，培养了更多的专业人才，为体育产业的持续增长和发展提供了有力支持。这个组织结构可以帮助你系统地了解体育产业的崛起对体育教学的影响，包括产业的多元化、对教学资源的影响以及对教学方法的影响。具体的章节和内容可以根据你的研究兴趣和需求进行调整和扩展。

第三章 教学模式创新

第一节 翻转课堂在体育教学中的应用

翻转课堂在体育教学中的应用是一种创新的教育方法,已经在提高学生参与度、促进深层次学习和个性化教育方面取得了显著成就。翻转课堂将学习的重心从课堂转移到了学生自主学习上。学生在课前通过观看视频、阅读材料等方式获取基本概念和技能,然后在课堂上进行实际的体育活动和实践。这种方法使学生在课堂上更多地参与实际运动,锻炼体能,提高技能水平,而不是仅仅听讲解。学生更加主动地参与体育活动,培养了自我学习和自主探究的能力。翻转课堂提供了更多的个性化学习机会。学生可以在自己的节奏下学习,反复观看教学视频,强化自己的理解。教师可以根据学生的实际表现和需求进行个性化指导,帮助他们克服困难,提高技能。这种个性化教育有助于满足不同学生的学习需求,提高了教学效果。翻转课堂促进了合作和团队合作。在课堂上,学生可以在小组中合作完成任务,共同解决问题,提高团队合作技能。这不仅培养了学生的协作和沟通能力,还有助于他们在团队体育项目中更好地协作,达到更高的水平。翻转课堂也有助于提高学生的批判性思维能力。通过预习材料,学生需要思考问题、提出疑问,并在课堂上与同学和教师进行讨论。这种互动促使学生更深入地思考和分析,培养了批判性思维和问题解决能力。翻转课堂在体育教学中的应用有助于提高学生的参与度、个性化学习、团队合作和批判性思维能力。这种创新教育方法丰富了体育教学的方式,使学生更好地理解和应用体育知识和技能,为他们的体育素质提供了更全面的培养。

一、翻转课堂的基本原理和方法

翻转课堂是一种教育方法，其基本原理是将传统的教学模式颠倒过来。在翻转课堂中，学生首先自主学习课程内容，通常通过在线视频或阅读材料，然后在课堂上进行实际的讨论、练习和问题解答。这种方法的目标是提高学生的参与度和深度理解，因为他们在课堂上可以更多地与教师和同学互动，解决问题和分享想法。翻转课堂强调学生的主动学习和合作，与传统的教师中心教学模式形成对比。

（一）翻转课堂概述

翻转课堂是一种教育方法，其基本原理是颠倒传统的课堂学习和家庭作业的角色。翻转课堂使学生在家庭自主学习新材料，而将课堂时间用于更深入的学习和互动。在翻转课堂中，学生首先通过阅读材料、观看在线视频或其他学习资源来自主学习课程内容。这使他们可以以自己的节奏和方式掌握基本概念。随后，在课堂上，教师提供机会，让学生讨论、提问、解决问题和合作学习。这种方法的目标是提高学生的深度理解和应用能力，因为他们在课堂上可以更多地与教师和同学互动，解决实际问题，并分享不同的观点和思考。翻转课堂的概念强调了学生的主动学习和参与度。它也提供了更多的机会来个性化地满足学生的需求，因为每个学生可以根据自己的学习进度来完成预学任务。翻转课堂是一种教育方法，通过颠倒传统教学模式的角色，提高了学生的主动学习和深度理解，促进了更富互动性和合作性的学习环境。它强调了学生在学习过程中的积极参与和批判性思维，有助于提高教育质量和学习成果。

（二）视频和在线资源

使用视频、在线教材和资源为学生提供自主学习的机会，是现代教育中的重要策略之一，特别适用于准备学生参与课堂体育活动。视频可以用于展示体育技能和运动动作的示范。教师可以录制示范视频，学生可以在家观看，学习正确的技术和动作。这为学生提供了自主学习的机会，他们可以反复观看并自我纠正。这减轻了课堂上的时间压力，使学生可以更好地准备和参与实际体育活动。在线教材和资源可以提供背景知识和理论支持。学生可以在课前自主学习相关的理论知识，例如运动生理学、策略规则等。这为他们提供了深入理解体育活动的机会，促进了更深层次的学习。教师可以建议学生查阅特定的在线资源，以拓展他们的知识。在线资源还可以用于安排练习和作业。教师可以提供在线练习题、模拟测试或问题解决活动，鼓励学生在课前独立进行学习和思考。这有助于激发学生的自主学习动机，培养他们的自我管理和问题解决能力。在线讨论和社交媒体平台可以促进学生之间的互动和合作学习。学生可以分享他们的学习经验、观点和问题，从彼此的反馈中受益。这种互动有助于建立学习社区，提供支持和鼓励，增强了学生的学习动力。视频、在线教材和资源为学生提供了自主学习的机会，有助于他们更好地准备和参与课堂中的体育活动。这种方法强调了学生的主动性和自我管理能力，提高了他们的学习效果和参与度。

（三）互动课堂活动

翻转课堂模式下的课堂互动活动丰富多彩，旨在帮助学生更好地应用所学知识和技能，提高他们的参与度和学习效果。实际运动是体育课堂中的重要组成部分。学生会在教师的指导下积极参与各种体育运动和活动，如足球、篮球、网球等。这些实际运动不仅有助于学生锻炼身体，还让他们将课堂理论知识付诸实践。学生将运用所学的战术、技能和策略，在课堂上与同学互动竞技，提高了团队合作和竞技能力。小组讨论是另一种重要的互动活动。学生被分成小组，讨论和分享他们在翻转课堂中学到的内容。他们会一起讨论策略、规则和战术，以及如何应用这些知识在实际比赛中取得成功。小组讨论有助于学生深入理解课程材料，并培养了他们的合作和交流技能。问题解答也是课堂互动的一部分。教师提出问题，学生需要思考并提供答案，这有助于激发学生的思维和分析能力。问题解答可以涉及战术、战略、规则和体育科学等多个方面，使学生更好地理解和应用所学知识。还有课堂演示和展示活动，学生会展示他们在翻转课堂中学到的技能和策略。这有助于学生自信地展示自己的成就，并从同学的反馈中学习和成长。翻转课堂后的课堂互动活动包括实际运动、小组讨论、问题解答和演示等，旨在帮助学生应用所学知识和技能，促进他们的参与和学习效果。这些活动不仅丰富了课堂体验，还培养了学生的合作、交流和批判性思维能力。

二、翻转课堂在体育教学中的应用和效益

翻转课堂在体育教学中有显著效益。学生通过在家学习体育理论和技能，能在课堂更多时间进行实际运动训练，提高了实践机会。这种方法促进了个性化学习，学生可以根据自己的进度学习。教师可以更多关注学生的实际表现，提供个性化的指导。翻转课堂还鼓励学生合作学习和自主解决问题，培养了批判性思维和团队技能。总之，翻转课堂提供了更丰富、互动和个性化的体育教学体验。

（一）个性化学习

翻转课堂在体育教育中有助于支持个性化学习，让学生能够按照自己的节奏和能力水平进行学习。自主学习：翻转课堂要求学生在家庭环境中自主学习课程内容。这意味着学生可以自行选择何时、何地以及以何种方式学习。在体育项目中，这意味着学生可以根据自己的时间表和舒适度来练习运动技能或进行体能训练。有些学生可能需要更多的时间来掌握特定的运动技巧，而其他学生可能能够更快地进步，翻转课堂为他们提供了灵活性。个性化反馈：在课堂时间，教师可以与学生进行更紧密的互动，提供个性化的反馈和指导。在体育项目中，教师可以观察学生的运动技能，识别他们的强项和改进空间，并提供个性化的建议。这有助于学生根据自己的需求和目标来改进体育表现。多样性的学习资源：翻转课堂通常使用多种学习资源，如视频、文章和在线模拟等。这种多样性使学生能够选择最适合他们学习风格的资源。在体育教育中，学生可以从不同的学习资源中选择，以满足他们对规则、战术或运动技巧的不同需求。个性化目标设定：翻转课堂可以根据学生的能力水平和兴趣来设定个性化的学习目标。在体育项目中，这意味着学生可以制定自己的训练计划，以达到特定的体能或竞技目标。教师可以协助学生制定这些目标，并提供支持和资源，以确保他们能够成功实现。翻转课堂为体育教育提供了更具个性化的学习体验。它使学生能够根据自己的需求和兴趣来学习，提高了他们的自主性和学习动机。这有助于更好地满足学生的多样化需求，提高他们在体育项目中的表现和参与度。

（二）实际运动时间增加

翻转课堂为提高学生的运动技能水平提供了有效的方法，通过将课堂内外的活动重新安排，使更多的课堂时间用于实际运动和实践技能的训练。传统体育课堂通常花费大量时间在理论知识和规则解释上，这可能限制了学生实际运动技能的发展。通过翻转课堂，教师可以将理论知识和规则解释的内容移至课前自学，让学生在家自主学习。这样，课堂内的时间可以更专注于实际运动，提供更多机会进行技能训练和实践。翻转课堂还可以提供更多个性化的指导。学生可以在课堂上得到更多的个人关注和指导，因为教师有更多的时间观察和纠正他们的技能。这种一对一的指导有助于学生更快地改善技能，提高运动水平。

因为学生在课堂上更多地进行实际运动，他们更容易投入到课程中。这种积极参与有助于提高学习效果，培养运动技能。翻转课堂也有助于培养学生的自主学习能力。他们需要自己学习和掌握理论知识，这培养了他们的学习独立性和自我管理技能，这对未来的学习和职业发展都非常有益。通过翻转课堂，更多的课堂时间可以用于实际运动和实践技能的训练，有助于提高学生的运动技能水平。这种方法提供了更多的个性化指导、增加了学生的参与度，并培养了他们的自主学习能力，为全面发展提供了重要的支持。

（三）主动参与和批判性思维

翻转课堂模式在鼓励学生主动参与课程内容、培养批判性思维和问题解决能力方面发挥了重要作用。通过翻转课堂，学生在课前独立学习课程材料，如阅读文本、观看视频或解决问题。这鼓励了自主学习和主动参与。学生在自己的节奏下掌握基本概念，为课堂时间做好准备，以便在讨论和互动中更深入地探讨课题。课堂时间通常用于互动和深入探讨。学生被鼓励提出问题、分享观点，并与同学和教师进行讨论。这种互动促进了批判性思维的培养，学生需要分析、评估和解释各种观点和信息。他们必须提出有针对性的问题，以深入了解课程内容，并积极参与讨论，推动知识的深化。

翻转课堂模式通常强调问题解决和应用技能。学生在课堂上有机会应用他们在课前学到的知识，解决真实世界的问题。这培养了他们的问题解决能力，让他们在课堂之外的情境中应用所学，提高了课程的实际意义。翻转课堂激发了学生的主动学习意愿。他们不再被动地接受信息，而是积极地寻求理解和应用。这种积极性促使他们更深入地思考和学习，培养了自主学习和独立思考的能力。翻转课堂通过让学生在课前自主学习，课堂时间重点放在互动和问题解决上，以及激发学生的主动学习意愿，有效地培养了他们的批判性思维和问题解决能力。这种教学方法强调学生的角色，使他们成为课程的积极参与者，更好地准备他们应对现实世界的挑战。

（四）教师角色转变

在翻转课堂中，教师的角色发生了重要的转变，从传统的知识传授者转变为指导者和辅导员，特别是在体育教育中。教师成为指导者：在传统课堂中，教师通常是知识的主要提供者，而在翻转课堂中，他们更多地扮演指导者的角色。教师鼓励学生自主学习，提供学习资源，并帮助学生理解和应用所学知识。在体育教育中，教师不仅传授运动技巧，还引导学生如何正确练习、改进和应用这些技能，使其在体育运动中取得更好的表现。教师成为辅导员：教师在翻转课堂中更多地担任辅导员的角色，关注学生的个体需求和学习进展。他们与学生互动，提供个性化的反馈和指导，帮助学生克服困难并制定学习计划。在体育项目中，教师可以观察学生的运动技巧，识别他们的挑战并提供专门的建议和指导，以帮助他们不断进步。教师鼓励合作学习：在翻转课堂中，教师促进学生之间的合作学习和互动。在体育教育中，这可以通过团队运动、伙伴练习和小组讨论来实现。教师鼓励学生相互协作，分享经验和技巧，以促进更好的学习和团队合作。

教师为学生提供资源和反馈：教师在翻转课堂中负责提供学习资源，如视频教程、练习材料和模拟考试。他们还提供及时的反馈，帮助学生了解他们的强项和改进点。在体育项目中，教师可以提供训练计划、战术策略和比赛录像，以帮助学生更好地准备和表现。教师在翻转课堂中的角色转变为更多地成为学生的指导者和辅导员，特别是在体育教育中。他们鼓励自主学习、个性化教育，并促进学生之间的合作。这种角色转变有助于提高学生的学习体验，使他们更好地发展技能和战术，在体育项目中取得更好的表现。

第二节　项目化学习与体育教学的结合

项目化学习与体育教学的结合是一种创新的教育方法，它为学生提供了多维度的学习体验，促进了知识的综合应用和技能的培养。项目化学习强调实际问题的解决。在体育教学中，学生可以选择特定的体育项目作为学习任务，如篮球比赛、足球锦标赛或田径比赛。通过参与这些项目，学生不仅学习了体育技能，还学会了战术规划、团队协作和比赛策略的制定。这种实际问题解决的方法培养了学生的问题解决能力和决策能力，将理论知识与实践相结合。项目化学习促进了跨学科的整合。在体育项目中，学生需要综合运用生物力学、心理学、营养学等不同领域的知识。例如，学生可以研究运动员的生理反应，分析心理压力对比赛表现的影响，设计合适的饮食计划来提高体能。这种跨学科的整合有助于学生更全面地理解体育活动，培养了他们的综合素养。项目化学习提供了个性化的学习机会。学生可以根据自己的兴趣和能力选择不同的体育项目。这种个性化的学习方式激发了学生的学习动力，使他们更加投入到学习中。同时，学生还可以根据自己的学习进度和需求进行自主学习，提高了学习的效率和质量。项目化学习强调反思和评估。学生参与体育项目后，需要对自己的表现进行反思，并接受同伴和教师的评估。这种反思和评估过程有助于学生发现自己的优点和不足，制定改进计划，提高了自我管理和自我提升的能力。项目化学习与体育教学的结合为学生提供了更丰富、更深入的学习体验。它强调实际问题的解决、跨学科的整合、个性化学习和反思评估，有助于培养学生的综合素养，提高他们的问题解决能力和综合应用能力，为未来的职业和生活奠定了坚实的基础。项目化学习与体育教学的结合可以极大地丰富学生的学习体验，并提供跨学科的机会。

一、项目化学习与体育教学的融合

项目化学习与体育教学的融合是一种有益的教育方法，它将学术课程与体育活动相结合，提供了多方面的学习机会。综合性学习：项目化学习将学生置于复杂的现实世界情境中，要求他们运用学术知识和解决问题的能力来解决复杂的任务。在体育教学中，这可以体现为将学术课程与具体体育项目相结合，例如研究某一体育项目的规则、战术策略或运动生理，然后将这些知识应用到实际运动中。这种综合性学习有助于学生将学术概念与实际运动经验相结合，提高他们的学习深度和理解。跨学科学习：项目化学习鼓励跨学科的探究和学习，使学生能够跨足不同领域的知识。在体育教学中，这意味着学生可以探讨与体育相关的多个学科，如生物学、心理学、统计学等。例如，学生可以研究运动生理的基础知识，然后使用统计学方法分析运动数据，以改进训练和战术策略。这种跨学科学习有助于培养学生的综合素养和解决问题的能力。项目化学习与体育教学的融合为学生提供了丰富的学习机会，促进了综合性、跨学科、实际问题解决、自主学习和团队合作能力的培养。这种融合不仅提高了学生的学术水平，还增强了他们在体育领域和社会生活中的综合素养。

（一）项目化学习概述

项目化学习是一种教育方法，其核心理念是通过学生参与实际项目的方式来推动学习。这种教学方法强调学生通过积极的实践活动来获取知识和技能，而不仅仅是 passively 接受信息。项目化学习有其独特的特点和目标，以实现更深刻的学习体验。项目化学习强调跨学科的综合性。在项目中，学生需要整合来自不同学科的知识和技能，以解决复杂的问题或完成具体任务。这有助于培养学生的综合思考和解决问题的能力。项目化学习注重实际应用。学生通过参与项目，能够将所学知识和技能应用于实际情境中，从而更好地理解和掌握这些概念。这有助于提高学生的实际问题解决能力。

项目化学习强调学生的自主性和合作性。学生在项目中通常需要自主规划和管理自己的学习进程，同时与同学合作共同完成任务。这培养了学生的自主学习和团队合作能力。项目化学习的目标是培养学生的批判性思维和创造性思维。通过解决实际问题和完成项目，学生需要分析信息、做出决策，并提出创新性的解决方案。这有助于培养学生的批判性思考和创造性思维。项目化学习是一种强调实际项目参与的教育方法，其特点包括跨学科性、实际应用性、自主性和合作性，其目标是培养学生的批判性思维和创造性思维。通过这种方式，学生能够更深入地理解和掌握所学内容，同时也能够培养实际问题解决能力，为未来的学习和生活做好准备。

（二）体育教学的重要性

体育教学在培养学生的团队合作、领导能力和身体健康方面具有重要性。体育教学鼓励学生参与团队合作。团队体育项目要求学生协作与配合，共同追求共同目标。这培养了他们的沟通技能、协作能力和团队意识，这些技能在学校、工作和社交生活中都是关键。体育教学有助于培养学生的领导能力。在体育领域，学生常常需要扮演领导者的角色，指导队友、制定战略和激励团队。这锻炼了他们的领导才能，将来在各个领域都能受益。体育教学对学生的身体健康至关重要。定期的体育锻炼有助于维持健康的体重、促进心血管健康、增强肌肉和骨骼，以及提高免疫系统功能。通过体育，学生学会了重视健康，养成了积极的生活方式。体育教学在培养学生的团队合作、领导能力和身体健康方面发挥着重要作用。这不仅有助于他们在学术上取得成功，还为健康和未来职业发展奠定了坚实的基础。

（三）跨学科机会

项目化学习与体育教学的结合为学生提供了跨学科的机会，将体育与其他学科（如科学、数学、社会科学等）相结合，创造了丰富的学习体验。在项目化学习中，学生通常会参与具体的项目或任务，这为体育教学提供了整合其他学科的机会。例如，学生可以进行体育科学研究项目，探讨运动对身体的生理影响，结合生物学和化学知识。他们还可以通过测量和数据分析，将数学应用于分析运动表现。这种综合性的项目鼓励学生跨学科思考，将不同领域的知识融合在一起。项目化学习可以激发学生的兴趣和动力。将体育与其他学科相结合，使学生能够在自己感兴趣的领域深入探讨。例如，学生可以选择研究与历史或文化有关的体育项目，探讨体育在不同文化背景下的演变和影响。这种个性化的学习体验有助于激发学生的学习兴趣，提高他们的学习动力。项目化学习鼓励学生团队合作和解决问题的能力。学生通常需要合作完成复杂的项目，这培养了他们的协作技能。在跨学科项目中，学生可能面临复杂的问题，需要综合不同学科的知识来解决。这锻炼了他们的问题解决能力和批判性思维能力。结合项目化学习和体育教学可以提供全面的教育体验。学生不仅学会了体育技能，还培养了跨学科的综合素质，将体育与现实生活和其他学科联系起来。这种综合性的教育有助于学生更好地理解世界，培养终身学习的能力。项目化学习与体育教学的结合为学生提供了跨学科的机会，将体育与其他学科相结合，创造了丰富的学习体验。这种综合性的教育有助于学生发展综合素质，提高他们的学术成就和实际应用能力。

（四）教育目标对接

要确保项目化学习与体育教学的教育目标相一致，需要采取一系列策略和方法，以提供一致的学习体验。教师应明确教育目标，将其与体育项目紧密联系起来。然后，教师可以设计项目，确保项目的内容和要求与教育目标相一致。在项目的设计过程中，教师应考虑如何将体育技能和概念与其他学科知识相结合，以促进跨学科学习。教师应关注学生的个体差异，确保项目化学习适应不同学生的需求和水平。这可以通过提供个性化的学习支持和资源来实现，以确保每个学生都能参与项目并实现教育目标。教师还应鼓励学生参与反思和自我评估的过程，以帮助他们更好地理解教育目标并监督自己的学习进展。这种反思和自我评估可以通过定期的讨论和反馈来实现，以确保学生在项目化学习中实现了预期的学习目标。项目化学习应注重实际应用和解决问题的能力培养，这与体育教学的目标相一致。学生在项目中需要运用体育技能和知识来解决实际问题或完成任务，这有助于培养他们的实际问题解决能力，同时也符合体育教学的核心理念。教师和学生应积极合作，确保项目化学习与体育教学的教育目标保持一致。教师可以与学生讨论项目的进展和学习目标的实现，以及如何进一步改进项目以达到更好的学习效果。通过明确教育目标、个性化支持、反思和自我评估、实际应用和合作，可以确保项目化学习与体育教学的教育目标相一致，从而提供一致的学习体验，促进学生的全面发展。

二、项目化学习与体育教学的实施和效益

项目化学习在体育教学中的实施和效益具有显著价值。项目化学习是一种基于学生参与实际项目的教育方法，对于提高学生的综合素质和运动技能有积极影响。项目化学习将学习与实际运动活动相结合，通过解决实际问题或完成具体项目来推动学生的学习。例如，学生可以参与策划和组织一个体育赛事、设计一个锻炼计划或分析运动比赛数据。这种实践性学习使学生能

够将理论知识应用到实际情境中，培养了他们的问题解决和创新能力。项目化学习鼓励学生合作与团队合作。在体育项目中，学生通常需要与同学合作，共同达成项目目标。这有助于培养他们的团队合作和沟通技能，这在团队体育比赛和职业生涯中都非常重要。项目化学习也提供了个性化的学习机会。学生可以选择自己感兴趣的项目，从而更有动力和积极参与学习。这激发了学生的自主学习兴趣，提高了他们的学习动机。项目化学习强调了实际问题的解决和实际技能的应用，这有助于提高学生的实际运动技能水平。学生通过项目化学习可以不断练习和改进他们的技能，这对于体育教学的核心目标至关重要。项目化学习在体育教学中的实施和效益显著。它促进了实践性学习、团队合作、个性化学习和实际技能的应用，为学生的综合素质和运动技能提供了丰富的机会。这种方法有助于培养全面发展的学生，为他们的未来健康和职业生涯奠定了坚实基础。

（一）项目选择和设计

为确保项目与体育教学的课程目标和学生的年龄、能力水平相匹配，需要细致的选择和设计。需要考虑学生的年龄和体育能力水平。对于年轻的学生或初学者，项目应简单易懂，注重基本技能的培养。年龄较大或有更高体育水平的学生可以参与更复杂的项目，以挑战其技能和知识。项目的选择应与体育教学的课程目标相一致。教师需要明确课程目标，然后选择项目，以确保项目的内容和要求与这些目标相符。例如，如果课程目标是提高学生的团队合作能力，教师可以设计一个团队体育项目，要求学生共同协作来实现特定的体育目标。项目的设计需要考虑到学生的兴趣和喜好。教师可以根据学生的兴趣选择相关的体育项目，以增强他们的参与度和动力。这有助于提高学生对项目的积极性，促进更好的学习体验。项目的设计还应考虑到学生的多样性。教师需要提供不同难度级别的项目选择，以满足不同能力水平的学生。这可以通过调整项目的规模、要求或时间来实现，以确保每个学生都能找到适合自己的挑战。项目的评估方法也应与课程目标相匹配。教师可以设计多样化的评估方式，例如观察、自我评估、同伴评估等，以全面了解学生的学习进展和成就。选择和设计适合的项目与体育教学的课程目标和学生的年龄、能力水平相匹配，需要综合考虑学生的特点、兴趣和多样性。这有助于提供有意义且有效的学习体验，促进学生在体育教学中的全面发展。

（二）学生参与和动机

项目化学习在增加学生参与度和动机方面发挥着关键作用，因为它赋予学生更多实际应用和意义。项目化学习提供了具体的任务和目标，激发了学生的好奇心和求知欲。学生参与到有明确目标的项目中，更容易明确自己的任务和责任，这使得他们更有动力去探究、学习和解决问题。项目化学习强调学习与实际应用的紧密联系。学生可以在真实情境中应用所学的知识和技能，看到自己的成果具有实际意义。这种实践性学习增强了学生的自信心，激发了他们的学习兴趣。项目化学习鼓励学生合作与团队合作，共同完成项目。合作过程中，学生可以互相学习、分享经验，这种社交互动增加了学习的乐趣和动力。项目化学习通常涉及学生选择自己感兴趣的主题或项目，这增强了他们的学习动机。学生对自己选择的项目更加投入，因为他们对项目的内容和目标有自己的兴趣和动机。项目化学习通过提供实际应用和意义，以及鼓励学生合作与自主选择，显著增加了学生的参与度和动机。这种学习方法有助于培养学生的自主学习能力，提高他们的学习兴趣，促使他们更积极地投入到学习中。

（三）技能和知识传递

通过项目化学习教授体育技能和知识，强调实践应用和问题解决，是一种富有成效的教育方法。项目化学习将学生置于实际运动和体育情境中。学生不仅被要求理解课本知识，还需要将这些知识应用到实际体育活动中。例如，他们可以参与一个足球比赛项目，需要运用战术、战略和技能来取得成功。这种实际运动中的学习方式使学生更容易理解和掌握体育技能，因为他们在真实环境中进行练习和应用。项目化学习鼓励学生解决实际问题。在体育领域，学生可能面临各种挑战，例如团队协作问题、战术策略的调整或个体技能的改进。通过项目化学习，学生被要求分析和解决这些问题，这培养了他们的问题解决能力和批判性思维能力。他们需要考虑各种因素，制定策略并评估其有效性。项目化学习强调学生的主动参与和自主学习。学生通常会参与项目的设计和计划，选择感兴趣的主题，并制定学习目标。这种学习方式激发了学生的兴趣和动力，使他们更加专注和投入。学生不仅仅是知识的接受者，还是知识的创造者和应用者。项目化学习将体育教育与现实生活相连接。学生学会了如何将体育技能和知识应用于日常生活和体育运动之外的领域。这种综合性的学习经验有助于他们发展终身学习的能力，使他们更好地准备面对各种挑战。通过项目化学习教授体育技能和知识，强调实际应用和问题解决，有助于学生更深入地理解和掌握体育领域的内容。这种教育方法培养了学生的实际技能和思维能力，为他们未来的学术和职业生涯打下坚实基础。

（四）跨学科学习

在体育教学中强调跨学科学习的机会对于提高学生的综合素质至关重要。跨学科学习不仅有助于培养学生的体育知识和技能，还能促进批判性思维、沟通能力和团队合作等关键综合素质的发展。跨学科学习提供了更广泛的视野。通过将体育与其他学科（如科学、数学、文化、艺术等）相结合，学生能够更全面地理解体育的背后原理和影响因素。例如，在学习体育科学时，学生可以了解运动生理学、营养学等知识，从而更好地理解身体在运动中的变化。这种综合性的学习有助于培养批判性思维，帮助学生从多个角度分析和解决问题。跨学科学习提高了沟通能力。在跨学科项目中，学生需要与来自不同学科背景的同学合作，分享信息和想法。这种跨学科合作要求学生有效地沟通和协作，培养了他们的沟通技能，使其能够更好地表达观点、倾听他人意见并有效合作。跨学科学习促进了团队合作。体育项目通常需要团队协作，学生必须学会在团队中发挥各自的优势，协调行动以实现共同目标。这种合作经验有助于培养团队合作技能，学生将在日常生活和职业中受益匪浅。跨学科学习为学生提供了丰富的学习机会，有助于培养批判性思维、沟通能力和团队合作等综合素质。在体育教育中，通过整合不同学科的知识和技能，学生不仅能够更深入地理解体育的本质，还能够在更广泛的领域中取得成功。这种综合性的学习经验将有助于他们在未来的学术和职业生涯中获得成功。

第三节　情境教学在体育课堂的实践

情境教学在体育课堂中的实践是一种富有活力的教育方法，强调将学习置于真实或模拟的情境中，情境教学强调学习的目的和意义。教育者将体育课程设置在实际或仿真的体育情境中，使学生能够理解体育技能和策略的应用。这种情境教学方法能够激发学生的兴趣，因为他们可以看到学习的直接联系和实际应用。情境教学注重学生的积极参与。学生被要求在真实或模拟的体育情境中积极参与，与同学合作、竞争、解决问题。这有助于培养学生的团队合作、沟通和解决问题的能力，这些技能在体育和日常生活中都至关重要。情境教学鼓励学生的自主学习。学生在情境中需要自己探索、决策和反思，而不仅仅是被 passively 授予信息。这有助于培养学生的自主学习和问题解决能力，提高他们的学习动机和自信心。

情境教学提供了丰富的教育资源。教育者可以使用实际情境或虚拟现实技术来模拟不同的体育场景，为学生提供多样化的学习体验。这有助于教育者更好地满足学生的需求，提供个性化的指导和反馈。情境教学在体育课堂中的实践丰富了教育方法和体验。它强调学习的实际应用和意义，提高了学生的参与度和自主学习能力，培养了重要的团队合作和问题解决技能。这使得体育教育更具活力和效果，有助于学生在体育领域和生活中取得更大的成功。

一、情境教学在体育课堂的基本原理

情境教学在体育课堂的基本原理包括学习环境的真实性，以模拟实际体育情境；个性化教学，根据学生的需求和能力提供个体化指导；问题导向学习，通过解决实际问题促进学生的学习；协作学习，鼓励学生在团队中合作解决挑战；反馈和反思，提供及时反馈和机会来反思经验，以不断改进技能和策略。这些原理有助于创造具有挑战性和实际意义的学习体验，提高学生在体育课堂中的参与和学习效果。

（一）情境教学概述

情境教学是一种基于学习环境和情境的教育方法，其主要目标是将学习与现实生活情境相结合，以提高学生的理解和应用能力。情境教学强调学习环境和情境对学习的影响。它认为学习不仅仅发生在课堂内部，还与学习者所处的环境和情境密切相关。因此，情境教学试图创造具体、有意义的学习情境，以便学生能够在真实的背景下应用所学知识和技能。情境教学注重问题解决和应用能力的培养。它强调学生在解决实际问题和面对真实挑战时的学习过程。通过将学生置于具体情境中，情境教学鼓励他们思考、分析和解决问题，培养了他们的应用能力。情境教学强调学习的个性化和自主性。它认为每个学生都有不同的学习需求和背景，因此需要个性化的学习方式。情境教学通过提供多样化的学习情境和资源，鼓励学生自主选择和探索，以满足其个人学习目标。情境教学的目标是培养学生的批判性思维和问题解决能力。通过将学生置身于复杂的情境中，情境教学促使他们思考、分析和评估信息，从而培养了批判性思维和判断力。情境教学是一种注重学习环境和情境的教育方法，其目标是提高学生的理解和应用能力，培养他们的问题解决和批判性思维能力。通过将学习与现实情境相结合，情境教学为学生提供了更深入、更有意义的学习体验。

（二）体育教学的挑战

在传统体育课堂中，存在一些挑战可能会妨碍学生的全面发展。一些传统体育课程缺乏实际应用，过于注重理论知识而忽略了实际技能的培养。这导致学生学习了理论知识，但在实际运动中难以应用，限制了他们的综合能力。学生的动机问题是另一个挑战。传统体育课堂通常需要大量的体育设备和足够的空间，但这在某些学校可能有限。这可能会影响到学生的实际运动机会，限制了他们的学习体验。传统体育课程可能缺乏个性化支持。每个学生的体育水平和兴趣不同，但传统课堂往往采用一种标准化的教学方法，无法满足不同学生的需求。这可能导致一些学生感到被忽视，影响了他们的学习体验。

安全问题也是一个挑战。这需要严格的安全措施和监督，以确保学生的安全，否则可能会影响他们的信心和积极性。传统体育课堂中存在缺乏实际应用、学生动机问题、资源限制、个性化支持和安全问题等挑战，这些挑战可能会妨碍学生的全面发展和学习体验。解决这些挑战需要采取综合性的方法，包括改进教学方法、提供个性化支持、加强资源投入和确保安全措施。

（三）情境设计

为确保情境与体育课程的目标和学生的能力水平相匹配，需要精心设计和考虑多个因素。理解课程目标至关重要。教师应清晰地了解他们希望学生在体育课程中达到的目标。这些目标可以包括技能提高、战术理解、体育价值观的培养等。目标明确有助于确定合适的情境。教师需要评估学生的能力水平。了解学生的体育技能、经验和兴趣可以帮助确定适合的情境。不同水平的学生可能需要不同类型和难度的情境来满足他们的需求。情境应具有挑战性但不过于困难。情境的难度应该与学生的能力水平相符，既能激发兴趣又不至于让他们感到沮丧。这可以通过逐渐增加难度或提供不同难度选项来实现。情境应该反映现实世界的体育场景。这样可以确保学生在情境中学到的技能和知识具有实际应用性，并能够在比赛或日常生活中使用。教师应根据学生的反馈和表现不断调整情境。了解学生的反应和进步，可以帮助教师调整情境，以确保它们仍然与课程目标和学生的能力水平相匹配。设计适合的情境需要考虑课程目标、学生的能力水平、难度、实际应用性和反馈。精心设计的情境可以提高学生的学习体验，帮助他们更好地实现体育课程的目标。

（四）问题解决和批判思维

情境教学是一种教育方法，鼓励学生在真实或模拟的情境中运用问题解决和批判思维技能来解决实际问题。情境教学将学生置身于具体的情境中，这可以是与体育、健康或其他领域相关的情境。学生被要求面对具体问题或挑战，这些问题反映了实际生活中可能遇到的情况。例如，在体育领域，学生可能需要解决一个团队协作问题，如如何在比赛中应对对手的策略。这种情境化的学习方式让学生感受到问题的真实性，激发了他们的兴趣和动力。情境教学强调学生的主动参与。学生通常需要合作、讨论和研究，以制定解决问题的策略。他们可能会进行实地考察、实验或模拟活动，以收集信息和数据，这有助于培养他们的观察和数据分析技能。学生还需要思考并提出解决问题的方法，这锻炼了他们的问题解决和批判思维能力。

情境教学鼓励学生从不同角度考虑问题。学生通常需要分析问题的多个因素和可能的解决方案。他们可能会面临伦理、社会和文化的考虑，这有助于培养跨学科思维和综合素质。学生被鼓励在解决问题时运用多种学科领域的知识和技能，这种综合性的学习经验有助于他们更全面地理解问题。情境教学将学习与实际应用相结合。学生不仅仅是为了解决问题而学习，而是将所学知识和技能应用于实际情境中，为解决问题提供创造性和实际的解决方案。这种将学习与实际生活联系起来的教育方法培养了学生的实际能力，使他们更好地应对现实生活中的挑战。情境教学通过让学生在真实或模拟的情境中运用问题解决和批判思维技能来解决实际问题，提供了一种深度学习的机会。这种教育方法培养了学生的实际能力、批判性思维和跨学科素质，为他们的未来学术和职业生涯打下坚实基础。

二、情境教学在体育课堂的实施和效益

情境教学在体育课堂中的实施非常有益。通过将学生置于真实的体育情境中，他们可以更好地理解和应用所学的技能和策略。这种实践性学习促进了深层次的理解和技能的提高，同时培养了学生的决策能力和问题解决能力。情境教学还鼓励学生合作与团队合作，增强了他们的社交技能。总之，情境教学提供了丰富的体验，有助于提高学生的运动技能水平和综合素质。

（一）实际运动体验

情境教学在体育教育中提供了更多实际运动体验的机会，使学生能够在真实情境中应用所学技能。情境教学通过模拟真实比赛和竞技情境来提供实际运动体验。学生可以参与模拟比赛，与同学进行实际竞争，从而将课堂学习转化为实际运动经验。这种实际体验可以帮助学生更好地理解战术、策略和技能的应用。情境教学注重运动技能的实际应用。学生不仅学习技能的理论知识，还要在实际情境中运用这些技能。例如，在足球课上，学生不仅学习如何传球，还要在比赛中实际传球，感受到技能在比赛中的重要性。

情境教学强调团队合作和协作，这对于实际运动体验至关重要。学生在团队中合作，共同应对挑战和问题，这不仅提高了他们的协作能力，也增强了实际比赛中的体验和互动。情境教学鼓励学生参与体育竞赛和比赛，从而提供更多实际运动体验的机会。学生可以参加学校内外的比赛，亲身体验竞技体育的激情和挑战。这种竞赛经验有助于培养学生的竞争意识和适应力。情境教学可以将学习与生活情境相结合，使学生在日常生活中应用所学。例如，学生可以学习如何在户外环境中进行体育活动，如登山、划船等，从而获得更多实际运动体验的机会。情境教学通过模拟真实情境、强调技能应用和鼓励竞赛参与，为学生提供了更多实际运动体验的机会。这种实际体验有

助于学生更好地理解和应用所学技能,提高他们在体育运动中的表现水平。

(二)学生参与度

情境教学能够显著提高学生的参与度,因为它将学习置于实际、有挑战性的情境中,满足了学生的兴趣和动机。情境教学鼓励学生主动探索和解决问题。通过将学习放入实际情境中,学生需要运用所学知识和技能来应对具体挑战,这激发了他们的求知欲和积极性。情境教学强调合作和交互。学生通常需要与同学一起合作,共同解决情境中的问题或完成任务。这种协作性质促使学生积极参与,因为他们意识到他们的贡献对团队的成功至关重要。

情境教学提供了实际应用的机会,使学习更有意义。学生能够将所学知识和技能直接应用于解决现实生活中的问题,这让他们感到学习是有用的,从而增强了他们的动机。情境教学通常包含挑战性任务,鼓励学生超越自己的舒适区。这种挑战性可以激发学生的好奇心和冒险精神,使他们更愿意投入精力来解决问题。情境教学强调反思和自我评估。学生被要求不断反思他们在情境中的表现,这有助于提高他们的学习意识,进一步增加了他们的参与度。情境教学之所以能够提高学生的参与度,是因为它将学习置于实际、有挑战性的情境中,激发了学生的兴趣、动机和积极性。这种教学方法促使学生更主动地探索、合作、应用知识,提高了他们的学习效果。

(三)团队合作和沟通

情境教学在促进团队合作和沟通能力方面发挥着重要作用,因为它要求学生共同解决问题、交流和协作。情境教学通常涉及学生在小组或团队中共同工作。学生必须合作以达成共同的目标,这培养了他们的团队合作能力。在解决问题的过程中,学生需要分工合作、协调行动,这有助于发展团队合作技能。情境教学鼓励学生进行有效的沟通。学生需要共享信息、交流想法和讨论解决方案,以应对情境中的挑战。这锻炼了他们的口头和书面沟通技能,培养了表达和倾听的能力。情境教学强调问题解决和决策制定。学生必须共同思考,分析问题,制定计划,并在团队内部做出决策。这有助于他们培养批判性思维和决策能力。

情境教学通常具有真实性,使学生感到他们的工作具有实际意义。这激发了学生更积极地参与和合作，因为他们知道他们的努力会产生实际成果。情境教学提供了实时的反馈机会。学生可以立即看到他们的决策和行动如何影响情境的发展，从而有机会进行自我纠正和改进。情境教学通过共同解决问题、合作和沟通的方式，有助于培养学生的团队合作和沟通能力。这些关键技能在学术和职业生活中都至关重要，情境教学为学生提供了锻炼和发展这些技能的机会。

（四）评估和反馈

在情境教学中，评估学生的表现并提供及时反馈至关重要，以帮助他们改进和发展。多元化的评估方法是关键。情境教学通常鼓励学生在不同情境中运用知识和技能，因此评估应该反映这种多样性。评估可以包括项目报告、实地考察、小组讨论、问题解答、模拟活动等多种形式。这些不同的评估方法可以捕捉到学生的不同能力和表现。及时反馈是关键。学生需要知道他们在何处做得好，何处需要改进。教师应该提供具体、明确的反馈，强调学生的优点，同时指出需要改进的地方。反馈应该是建设性的，有助于学生理解如何提高自己的表现。自评和同伴评价也是有益的。学生可以参与自我评估，反思自己的学习和表现，并制定改进计划。同伴评价可以促进合作和互助学习，学生可以从彼此的观点和经验中受益。

还可以使用标准和评估工具来衡量学生的表现。这些标准可以明确期望的学习成果，评估工具可以帮助教师客观地评估学生的表现。这有助于保持评估的一致性和公平性。反复评估是重要的。情境教学通常是连续的学习过程，学生在不同的情境中不断应用知识和技能。因此，教师应该定期评估学生的表现，以确保他们不断改进和发展。这可以通过周期性的项目、作业或表现评估来实现。评估学生在情境教学中的表现并提供及时反馈是帮助他们改进和发展的关键。多元化的评估方法、及时的反馈、自评和同伴评价、标准和评估工具以及反复评估都是有效的策略，可以帮助学生在情境教学中取得成功。

第四节　游戏化学习的体育应用

游戏化学习在体育教育中的应用已经成为一种创新的教育方法，它将游戏元素融入体育课程，激发了学生的兴趣，提高了学习效果。游戏化学习增加了体育教育的趣味性。通过将竞技、挑战和竞争元素引入体育课堂，学生更容易投入学习，因为他们将学习视为一种娱乐活动。游戏化学习可以通过比赛、排名和奖励系统来激发学生的积极性，提高他们的参与度。游戏化学习提供了实时反馈和动态评估的机会。在游戏化学习环境中，学生可以即时看到自己的成绩和表现，了解自己的优点和不足。这种反馈有助于学生及时调整自己的策略和技能，改进表现。教师也可以根据学生的表现进行个性化指导，帮助他们更好地发展体育技能。游戏化学习培养了学生的团队合作和领导力。在多人游戏或竞技游戏中，学生需要与同学协作，制定战略，共同解决问题。这锻炼了他们的团队合作、沟通和领导技能，有助于培养综合素质。

游戏化学习也有助于学生发展自我管理和目标实现能力。在游戏中，学生需要制定计划、设定目标，追求胜利。这培养了他们的计划和执行能力，帮助他们养成自律和目标导向的习惯。游戏化学习在体育教育中的应用提供了一种有趣而有效的教育方法。通过增加趣味性、提供实时反馈、培养团队合作和领导力，以及发展自我管理和目标实现能力，游戏化学习有助于提高学生的学习兴趣和学习效果，为他们的体育素质培养提供了更丰富的教育资源。

一、游戏化学习在体育教育中的基本原理

游戏化学习在体育教育中的基本原理包括。将学习嵌入有趣的游戏情境中，激发学生的兴趣和参与度。明确学习目标和规则，使学生知道他们要达到的成就。即时反馈：提供实时反馈，帮助学生了解他们的表现，并激励他们不断改进。奖励机制：引入奖励和成就系统，鼓励学生积极参与和完成任务。创造竞争和合作的机会，促进学生之间的互动和社交技能的培养。给予学生自主选择和控制学习路径的权力，增强学习动力。这些原理使游戏化学

习成为一种激发学生兴趣、提高参与度和增强学习效果的有效方法。

（一）游戏化学习概述

游戏化学习是一种教育方法，其核心理念是将游戏元素融入教育过程中，以增加学习的趣味性和动机。这种教学方法的特点在于它借鉴了游戏设计的原则，将教育内容和学习活动转化为具有游戏性质的体验。游戏化学习注重学习的互动性。学生在游戏化学习中通常需要积极参与，与教材互动，解决问题，制定策略，这有助于深化他们的理解和记忆。游戏化学习强调学习的个性化。游戏通常会根据玩家的表现和需求提供定制化的反馈和挑战，这有助于满足每个学生的学习需求，提高他们的学习动机。

游戏化学习强调学习的目标设定和达成。游戏通常会设定明确的目标和奖励机制，激发学生的竞争意识和愿望，从而促进学习的积极性。游戏化学习强调学习的情感投入。学生在游戏中经历挑战、成就感和愉悦，这有助于提高他们的情感投入，增强学习的积极性和持久性。游戏化学习的目标是培养学生的批判性思维和问题解决能力。通过解决游戏中的问题和任务，学生需要分析信息、做出决策，并提出创新性的解决方案，这有助于培养他们的批判性思考和创造性思维。游戏化学习是一种注重互动性、个性化、目标设定、情感投入和培养批判性思维的教育方法。通过将游戏元素引入教育中，它能够提高学习的趣味性和动机，为学生提供更有吸引力和有效的学习体验。

（二）游戏设计

设计适合的游戏化学习体验，以确保它们与体育课程的目标和学生的能力水平相匹配，理解课程目标至关重要。教师应明确了解他们希望学生在体育课程中达到的具体目标，无论是技能提高、战术理解还是团队合作。这些目标将指导游戏化学习体验的设计。考虑学生的能力水平。了解学生的体育技能、经验和兴趣可以帮助确定游戏化学习体验的难度和挑战程度。游戏应该能够在不同水平的学生中产生积极的学习效果。游戏化学习体验应该与课程内容密切相关。游戏的主题和情境应该与体育课程的内容和目标相吻合，确保学生在游戏中能够应用所学的知识和技能。游戏应该具有足够的挑战性，但不至于让学生感到过于困难或沮丧。游戏的难度应该逐渐增加，以适应学生的学习进度，同时提供足够的机会让学生克服挑战。游戏化学习体验应该具有趣味性和吸引力,以激发学生的兴趣和积极参与。游戏的设计应该考虑学生的喜好和兴趣,使他们更愿意投入到学习中。游戏化学习体验的设计需要考虑课程目标、学生的能力水平、内容相关性、挑战程度和趣味性。精心设计的游戏可以提高学生的学习体验,促使他们更好地实现体育课程的目标。

(三)奖励和竞争

游戏化学习是一种教育方法,通过奖励和竞争来激发学生的积极参与和努力,游戏化学习通过奖励系统激发学生的积极参与。在游戏中,学生通常可以赚取奖励点数、徽章、排名或其他形式的奖励。这些奖励可以在学习过程中起到正向激励的作用,激发学生的兴趣和动力。学生会努力完成任务、回答问题或完成挑战,以获得这些奖励,这有助于增强他们的学习投入。竞争是游戏化学习的关键元素之一。学生通常会与同龄人或其他参与者竞争,争夺高分或排名。这种竞争性的元素可以激发学生的竞争心态,使他们努力超越自己,取得更好的成绩。竞争也可以增加学习的趣味性,因为学生可以尝试击败其他人并在排行榜上获得高位。游戏化学习提供了个性化的学习体验。学生可以选择不同的任务或挑战,根据自己的兴趣和能力水平进行学习。这种个性化的学习方式使学生感到更有掌控力,他们可以根据自己的目标来选择学习路径,这有助于增强他们的自主性和自我管理能力。游戏化学习强调了学习的乐趣和快乐。通过将学习过程设计成游戏的形式,学生感到学习变得更加有趣和令人愉快。他们会期待获得奖励、解锁成就,并享受解决问题和应对挑战的过程。这种积极的情感体验可以增强学生的学习动力,并使他们更有动力地投入到学习中。游戏化学习通过奖励和竞争激发学生的积极参与和努力。奖励系统、竞争元素、个性化学习和乐趣体验是游戏化学习的关键特点,有助于提高学生的学习兴趣和动力,促进他们的学习效果。

二、游戏化学习在体育教育中的实施和效益

游戏化学习在体育教育中的实施与效益密不可分。通过将体育活动设计成有趣的游戏,学生更积极参与,提高动力。这种方法不仅促进技能发展,还培养合作和竞技精神。学生通过游戏感受成功和挑战,增强自信心,减少学习焦虑。游戏化学习提供实时反馈,帮助学生改进。游戏化学习在体育教

育中有助于提高参与度，激发学习兴趣，促进全面发展。

（一）激发学生动机

游戏化学习因其独特的设计和动机激励因素，能够显著提高学生的动机。游戏化学习提供了明确的目标和任务，学生清楚知道他们需要完成什么，并追求奖励和成功。这激发了他们的动机，因为他们追求胜利和成就感。游戏化学习常常具有挑战性。学生面临各种难题和任务，需要运用知识和技能来解决。这种挑战激发了他们的求知欲，因为他们希望克服困难并提高自己的表现。游戏化学习提供了及时的反馈。学生能够立即知道他们的表现如何，这使他们能够及时调整策略和行动，提高自己的成绩。这种反馈激发了学生的自我监督和改进动机。

游戏化学习常常以竞争和社交互动为特点。学生可以与同学竞争，合作，分享经验，这增加了学习的社交性和动机。他们希望在游戏中取得优势，获得同伴的认可。游戏化学习注重情感投入。学生在游戏中经历愉悦、兴奋和成就感，这激发了他们的积极情感和学习动机。他们喜欢游戏的过程，因此更愿意投入时间和精力。游戏化学习通过提供明确的目标、挑战、及时反馈、社交互动和情感投入，显著提高了学生的动机。这种方法使学习更有趣、有动力，有助于提高学生的学习效果和持久性。

（二）实际运动技能

游戏化学习在帮助学生练习和提高实际运动技能方面具有显著的潜力，它通过模拟游戏情境来应用所学知识，实现了有效的实践和学习相结合。游戏化学习提供了一个安全和有趣的环境，让学生在模拟的运动情境中练习技能。学生可以在没有压力的情况下反复练习，充分发挥潜力，而不必担心失败会带来的负面影响。这种低风险的环境鼓励了学生积极参与，勇于尝试新技能。游戏化学习强调了实际运动技能在真实情境中的应用。通过模拟比赛、竞赛或挑战，学生可以将所学技能直接应用到游戏中，这有助于他们理解技能的实际应用和战术策略。学生不仅仅是被动地吸收信息，而是在充满活力、引人入胜的环境中积极应用他们的知识。

游戏化学习提供了实时的反馈和机会进行自我纠正。学生可以立即看到他们的决策和行动如何影响游戏的进展，并从中学到经验教训。这种及时反馈有助于学生不断改进和提高他们的技能。游戏化学习可以增加学生的动机。学生通常更愿意参与有趣的游戏活动，而不仅仅是机械地练习技能。这种高度投入的学习经验可以激发学生的热情，促使他们更多地参与体育活动。游戏化学习通过提供安全、有趣、实际应用和及时反馈的学习环境，帮助学生练习和提高实际运动技能。它激发了学生的兴趣，促使他们更积极地投入到体育教育中，从而取得更好的学习成果。

（三）团队合作和竞技精神

游戏化学习是一种促进团队合作、竞技精神和沟通能力发展的有效教育方法。游戏化学习鼓励团队合作。许多教育游戏要求学生组成团队，共同解决问题、完成任务或应对挑战。在这个过程中，学生必须协调行动、分享资源和互相支持，以达到共同的目标。这种团队合作强化了学生的协作能力和团队精神，培养了他们的社交技能。游戏化学习鼓励竞技精神。学生在游戏中通常会竞争，争夺高分或排名。这种竞争性的元素激发了学生的竞争心态，使他们努力超越自己，追求更高的成绩。竞技精神鼓励学生追求卓越，勇于面对挑战，这是在学术和职业生活中非常重要的品质。游戏化学习促进了沟通能力的发展。在团队合作和竞争中，学生必须有效的沟通和协调行动。他们需要分享思想、制定战略、解决问题，并与团队成员保持联系。这种沟通需求锻炼了学生的口头和书面沟通技能，提高了他们的表达能力和理解能力。游戏化学习鼓励学生在竞争和合作中寻求平衡。学生学会了在不同情境下灵活运用团队合作和竞技精神。他们明白合作可以促进共同成功，而竞争可以激发个人进步。这种平衡的理解有助于培养学生的领导力和决策能力，使他们成为全面发展的个体。游戏化学习通过促进团队合作、竞技精神和沟通能力的发展，培养了学生的社交技能和领导潜力。团队合作和竞争的交织使学生在学习中获得了综合性的经验，有助于他们更好地适应未来的学术和职业挑战。

第五节　多媒体与虚拟现实在体育教学中的创新

多媒体与虚拟现实技术的创新为体育教学带来了革命性的改变，丰富了学习体验，提高了教学效果。多媒体技术在体育教学中发挥了重要作用。通过视频、音频、图像和互动媒体的运用，学生可以更直观地理解和学习体育技能和策略。教师可以利用多媒体展示比赛录像、运动员示范和战术分析，帮助学生深入了解体育规则和技术要领。这种视听结合的教学方式提高了学生的学习兴趣和参与度。虚拟现实技术为体育教学提供了身临其境的学习体验。学生可以通过虚拟现实头盔或沉浸式虚拟环境参与模拟比赛、训练和运动场景。这种技术使学生能够在安全的环境中体验真实的比赛情境，提高了他们的反应速度和决策能力。虚拟现实还可以用于模拟不同体育场馆、气候条件和竞技场景，帮助学生更全面地准备比赛。多媒体与虚拟现实技术为个性化学习提供了可能。学生可以根据自己的水平和兴趣选择不同的学习材料和路径。虚拟现实技术还可以根据学生的表现调整难度和内容，提供定制化的教学体验。这有助于满足不同学生的学习需求，提高了教育的效果。多媒体与虚拟现实技术为体育教学提供了实时反馈和评估的机会。教师可以使用传感器和监测设备来收集学生的运动数据，如速度、力量和技能表现。这些数据可以在虚拟环境中显示，学生可以立即了解自己的表现并进行调整。这种实时反馈有助于改进学生的技能和技术，提高了训练的效率。多媒体与虚拟现实技术的创新丰富了体育教学，提高了学习体验和效果。它们通过多媒体的视听教学和虚拟现实的身临其境体验，个性化学习和实时反馈，为体育教育带来了前所未有的可能性，促进了学生的综合素质和技能的培养，为未来的体育教学提供了广阔的发展前景。多媒体和虚拟现实（VR）在体育教学中的创新是利用技术来提高教学效果和学生参与度的重要方式。

一、多媒体在体育教学中的创新应用

多媒体在体育教学中的创新应用呈现出许多令人振奋的特点。它提供了视觉和听觉的多样化学习体验，使学生更容易理解和记忆体育概念。多媒体可以呈现实际体育比赛和技能演示的视频，使学生能够观察专业运动员的表现，以提高他们自己的技能。多媒体还可以创建互动性学习模块，让学生参与模拟比赛、战术策略规划和体育测验。它还提供了在线资源，供学生随时随地访问，增加了学习的便捷性。最重要的是，多媒体可以个性化学习，根据学生的需求和水平提供定制化的内容和反馈。综上所述，多媒体的创新应用为体育教学提供了更丰富、更灵活和更具互动性的学习体验，有望提高学生的学习效果和兴趣。

（一）多媒体概述

多媒体技术包括视频、音频、图像和互动内容等多种形式，广泛应用于体育教学中。视频是其中一种常见形式，用于记录和播放体育动作示范，让学生可视化地学习和模仿技巧。音频可用于提供解说或背景音乐，增强学习体验。图像被用于图示规则、策略和解释动作步骤。互动内容包括模拟器、虚拟实境和电子互动教材，使学生能够参与虚拟运动和场景，从中获得实际体验。在体育教学中，视频可展示优秀运动员的技巧和比赛录像，帮助学生观察和学习。音频可以提供比赛解说或讲解规则和策略。图像用于图示战术布置和示范动作。互动内容可用于模拟比赛情景，让学生在虚拟环境中应用所学知识和技能，提高实际应用能力。多媒体技术在体育教学中提供了丰富的学习资源，增强了学生的理解和记忆。它们以多感官的方式呈现信息，满足了不同学习风格的学生需求。多媒体技术可以随时随地访问，方便学生自主学习和复习。综合而言，多媒体技术在体育教学中是一种有力的工具，可以提高教学效果和学习体验。

（二）视频分析和模拟

使用视频分析工具和虚拟模拟训练场景是现代体育教学中强大的辅助工具，它们可以显著提高学生的运动技能和理解。视频分析工具可以捕捉和回放学生的运动，使教师和学生能够仔细研究技能的每个方面。通过慢动作和逐帧分析，学生可以识别和纠正技术上的问题，例如姿势、步伐或手臂动作。这种个性化的反馈有助于改进技能，提高运动效率。视频分析工具可以用于比较学生的运动与专业运动员的表现。通过将学生的动作与模范运动员进行对比，学生可以更好地理解正确的技术和动作。这种视觉对比有助于激发学生的追求卓越和改进。虚拟模拟训练场景可以为学生提供实际情境的模拟，从而更好地应用他们的运动知识和技能。例如，在足球中，学生可以通过虚拟场景参与比赛，模拟不同的比赛局面和战术策略。这种实战模拟有助于提高学生的战术意识和决策能力。

虚拟模拟训练场景可以创造不同的环境和挑战，以测试学生的技能和适应能力。这种多样化的训练场景可以帮助学生更好地准备面对各种情况下的比赛和竞争。视频分析工具和虚拟模拟训练场景为体育教学提供了强大的辅助工具，有助于学生改进运动技能和应用所学知识。它们提供了个性化的反馈、视觉对比、实战模拟和多样化的训练体验，使学生能够更好地准备和表现在体育竞技中。

（三）互动教材和在线资源

开发互动教材和在线学习资源是为学生提供更多学习机会和实时反馈的关键。互动教材应该具有多样性和灵活性。教材可以包括文本、图像、视频、音频等多种媒体形式，以满足不同学习风格和需求的学生。教材应该允许学生以自己的节奏学习，并提供跟踪学习进度的功能，以确保学生可以自主地探索和学习。在线学习资源应该具有互动性。这可以通过内置测验、练习、模拟活动和问题解答等元素来实现。互动性使学生能够积极参与学习过程，主动思考和应用所学内容。学生可以在互动中获得及时的反馈，了解自己的理解程度和知识掌握情况。实时反馈是在线学习资源的关键特点。学生应该能够立即了解他们的答案是否正确，以及在哪些方面需要改进。这可以通过自动化的评估工具和反馈系统来实现。教材应该提供详细的解释和建议，帮助学生纠正错误和改进学习策略。还可以利用社交互动来增强在线学习资源。学生可以参与讨论论坛、在线小组活动和协作项目，与其他学生分享观点和经验。这种社交互动有助于扩展学生的视野，促进深度学习和知识共享。

互动教材和在线学习资源应该不断更新和改进。教育领域不断发展，新的教育技术和方法不断涌现。因此，开发者应该定期审查和更新教材，以确保它们保持最新和有效。学生的反馈也应该被纳入教材改进的过程中，以满足他们的学习需求。开发互动教材和在线学习资源可以提供更多学习机会和实时反馈，有助于学生积极参与学习，提高学习效果。多样性、互动性、实时反馈、社交互动和不断改进是开发这些资源的关键原则，可以为学生创造更富有成效的学习体验。

（四）科技辅助教学方法

多媒体技术已经在传统的体育教学方法中引起了革命性的变化。它改变了课堂讲授的方式。传统体育课堂通常依赖于口头讲解，但多媒体技术通过视频、音频和图像等形式提供了视觉和听觉上的信息。这样，学生可以更生动地理解课程内容,观察技巧示范,提高了教学效果。多媒体技术改变了演示的方式。传统演示依赖于教师或教材的静态示范,但多媒体技术可以通过视频和动画来呈现复杂的运动技巧和战术。这使学生能够多次观看示范,以更深入地理解和模仿。

多媒体技术改变了练习的性质。传统练习通常依赖于教师的监督和同伴的合作,但多媒体技术可以提供虚拟练习和互动教材,使学生可以在虚拟环境中练习,自主掌握技能。这增加了学生的自主学习机会和灵活性。多媒体技术提供了即时反馈的机会。学生可以通过视频回放自己的表现,比较和改进。这有助于自我监督和自我改进,提高了学习效果。多媒体技术已经改变了传统的体育教学方法,丰富了教学内容,提供了更多的学习资源,增加了学生的参与度和动力。它将教学从传统的静态形式转变为多样化、互动性和个性化的学习体验,为学生提供了更好的学习机会和效果。

二、虚拟现实在体育教学中的应用

虚拟现实在体育教学中的应用带来了革命性的变化。学生可以通过虚拟现实头戴设备身临其境地参与体育活动,无须实际场地和装备。这提供了安全、实际、且高度互动的学习体验。虚拟现实还可以模拟不同体育场景,如足球、篮球或高尔夫,帮助学生练习技能和战术,提高反应速度。同时,教师可以实时监控学生的表现,提供即时反馈。总之,虚拟现实在体育教学中丰富了学习体验,提高了技能水平。

(一)虚拟现实概述

虚拟现实技术(VR)是一种模拟环境的技术,它使用计算机生成的图像和声音,让用户感觉好像身临其境。虚拟现实技术的特点包括沉浸性体验,用户可以互动并感觉到自己置身于虚拟环境中。这种技术在体育教学中有广泛的应用,改变了传统教学方式。虚拟现实技术改变了体育教学的互动性。它允许学生亲身体验运动技巧和战术,通过实际操作来学习。学生可以在虚拟环境中模拟比赛和实际运动场景,提高了学习的参与度和深度。虚拟现实技术提供了即时反馈的机会。学生可以立即看到他们的表现,并根据反馈调整姿势和动作。这有助于自我监督和自我改进,加速技能的提高。

虚拟现实技术拓展了教学内容。它可以模拟不同运动项目、场馆和环境，为学生提供多样化的学习体验。这有助于培养学生的全面素养，提高他们的综合能力。虚拟现实技术有助于节省资源。学生可以在虚拟环境中练习，减少了对场地和装备的依赖。这降低了教育成本，使教学更具可持续性。虚拟现实技术提供了全新的学习方式。它将传统的静态教材转化为互动、沉浸式的学习体验，为学生提供了更好的学习机会和效果。它可以用于技能培训、战术规划、比赛准备和运动科学研究等多个领域，拓展了体育教育的边界。虚拟现实技术通过沉浸性体验、即时反馈、多样化内容和资源节省等特点，改变了传统的体育教学方式，提高了学习的互动性、效果和可持续性，为学生提供更多的学习机会和全面发展。

（二）沉浸式训练和模拟

虚拟现实（VR）技术在体育教育中提供了令人沉浸的学习体验，模拟比赛场景、特定运动技能练习和战术训练，为学生提供了前所未有的机会。虚拟现实可以模拟比赛场景，让学生置身于真实的比赛环境中。学生可以在虚拟世界中感受到观众的呼声、竞技场的氛围和比赛的紧张氛围。这种沉浸式体验有助于减轻学生在实际比赛中的紧张情绪，提高比赛时的自信心和表现水平。虚拟现实可以用于特定运动技能的练习。学生可以在虚拟环境中模拟不同的运动动作，如高尔夫挥杆、篮球投篮或网球发球。他们可以观察自己的动作并获得实时反馈，从而改进技能。这种个性化的练习方式有助于提高学生的技术水平。

虚拟现实还可以用于战术训练。教练可以创建虚拟场景，让学生参与不同战术和策略的模拟。学生可以与虚拟对手互动，测试不同的战术选择，从而提高他们的战术意识和决策能力。这种实战模拟有助于学生更好地准备比赛和竞争。虚拟现实技术为体育教育提供了沉浸式的学习体验，模拟比赛场景、特定运动技能练习和战术训练。它通过提供真实的环境和反馈，帮助学生提高比赛时的自信心、技术水平和战术意识。这种技术的应用使体育教育更生动、有效和吸引人，为学生提供了更丰富的学习体验。

（三）身体感知和生物反馈

虚拟现实（VR）是一种创新的教育技术，通过身体感知设备和生物反馈，为学生提供了改善运动技能和体能的独特机会。虚拟现实利用身体感知设备，如运动追踪器和身体运动传感器，来跟踪学生的身体动作和姿势。通过这些设备，学生可以在虚拟环境中进行运动训练，系统可以实时捕捉他们的运动，然后提供即时反馈。这种实时反馈可以帮助学生纠正错误的动作，调整姿势，从而改进运动技能。生物反馈技术在虚拟现实中发挥着重要作用。生物反馈设备可以测量学生的生理指标，如心率、呼吸频率和皮肤电阻。这些指标可以帮助学生了解自己的身体状态和运动表现。例如，当学生在虚拟环境中进行高强度运动时，生物反馈设备可以监测他们的心率是否过高，提醒他们适当调整运动强度，以确保安全性和效果性。虚拟现实还可以模拟不同的运动场景和环境，为学生提供更丰富的练习体验。学生可以在虚拟环境中体验不同的运动环境，如高山滑雪、潜水、登山等，从而提高他们的技能和适应性。虚拟环境还可以模拟各种天气条件，帮助学生应对不同的挑战。

虚拟现实可以增加学生的参与度和动力。通过身临其境的虚拟体验，学生更容易投入到运动训练中，因为他们感到身临其境，仿佛置身于实际运动场景中。这种身临其境的感觉可以激发学生的积极性，增强他们的学习兴趣和动力。虚拟现实通过身体感知设备和生物反馈，为学生提供了改善运动技能和体能的机会。它可以实时跟踪运动动作，提供生理数据，模拟各种环境，增加参与度和动力，使学生能够更有效地提高运动技能和体能水平。这种创新的教育技术将为体育教育领域带来革命性的改变。

（四）远程协作和竞技

虚拟现实技术的远程协作功能在促进学生的竞技和合作精神方面具有巨大潜力。这种功能使学生能够参与虚拟比赛和练习，与其他学生进行互动，实现远距离协作。虚拟现实的远程协作功能允许学生参与虚拟比赛，模拟真实比赛场景。他们可以与其他学生一起竞争，切磋技艺，提高竞技精神。这种互动激发了学生的竞争欲望，促进了技能的提高。虚拟现实技术使学生能够在虚拟环境中进行合作练习。他们可以一起制定战术、解决问题，实现协同努力。这有助于培养学生的团队合作能力和合作精神。

虚拟现实的远程协作功能允许学生在全球范围内与其他学生互动。他们可以与来自不同地区、文化和背景的学生合作，拓宽视野，增强彼此交流的能力。虚拟现实技术提供了实时沟通和反馈的机会。学生可以在虚拟环境中交流意见、分享观点，并获得及时的反馈。这有助于改进和提高练习和比赛的质量。虚拟现实的远程协作功能为学生提供了更多的学习机会。无论他们身处何地，都可以与其他学生共同参与虚拟比赛和练习，增加了学习的灵活性和多样性。虚拟现实技术的远程协作功能是一种强大的工具，可以促进学生的竞技和合作精神。它提供了互动、合作、全球交流和实时反馈的机会，丰富了学习体验，为学生提供更好的学习机会和全面发展。

第四章 技术与工具在体育教学中的运用

第一节 体育教学中的智能设备应用

智能设备在体育教学中的应用正不断扩展，为教师和学生提供了更多的教育资源和学习机会。智能设备可以用于运动技能分析。教师和学生可以使用传感器和摄像头等设备来记录和分析运动员的动作。这有助于识别问题并提供反馈，帮助学生改进技能。智能设备可用于体育数据分析。它们可以收集比赛数据，如得分、运动员表现和战术统计。这有助于教练和学生更好地了解比赛情况，制定策略和提高竞技水平。智能设备可以用于健身和训练计划。学生可以使用智能手表、运动追踪器和应用程序来监测运动量、心率和睡眠质量。这有助于优化训练计划，提高体能和健康。智能设备提供了虚拟训练和模拟体验的机会。学生可以使用虚拟现实头盔来参与虚拟比赛和练习，提高技能和决策能力。这样的模拟体验使学生能够在虚拟环境中练习，无须真正的场地和装备。

智能设备可以支持在线教育和远程学习。教师可以通过视频会议和在线平台与学生互动，提供远程教学和指导。这种灵活性使学生能够随时随地访问教育资源，提高了学习的便捷性和可及性。智能设备在体育教学中具有广泛的应用。它们用于运动技能分析、数据分析、健身计划、虚拟训练和远程学习，丰富了教育资源，提高了学生的技能和知识水平。这些应用为体育教育提供了新的可能性，提高了教学效果和学习体验。

一、智能设备在体育教学中的创新应用

智能设备在体育教学中的创新应用引领了教育方式的变革。它们可以实

时监测学生的运动技能、体能和健康数据。教师和学生可以借助智能手表、运动追踪器和传感器等设备收集信息，以更深入地了解学生的表现。这些数据可以用于个性化指导和训练计划的制定。另外，虚拟现实设备也提供了创新的学习方式，学生可以在虚拟环境中模拟比赛和练习，提高技能和决策能力。智能设备的应用为体育教学增添了新的维度，提高了学习的互动性和效果，丰富了学生的体验。

（一）智能设备概述

智能设备是一种集成了计算机和通信技术的智能电子设备，具有多种功能和特点。这些设备的特点包括小巧轻便、智能化、互联性和可穿戴性。智能设备的种类多种多样，其中一些主要类型包括智能手表、智能运动追踪器和虚拟现实头戴设备等。智能手表是一种便携式智能设备，通常戴在手腕上。它们具有时钟功能，同时还配备了计步器、心率监测、通知提醒和健康跟踪等功能。智能手表还可以连接到智能手机，实现数据同步和远程控制。智能运动追踪器专注于运动和健康监测。它们可以追踪运动数据，如步数、距离、卡路里消耗和睡眠质量。它们还具备心率监测、GPS定位和运动模式识别等功能，帮助用户更好地了解和改善身体健康。虚拟现实头戴设备是一种沉浸式虚拟现实技术的载体。它们包括头戴式显示器和传感器，可以模拟虚拟环境，使用户感觉好像置身于虚拟世界中。除了上述主要类型，还有其他智能设备，如智能眼镜、智能耳机、智能手环等，它们各自具有不同的功能和用途。总之，智能设备是现代科技的产物，它们为用户提供了丰富的功能和便捷性，逐渐融入了人们的日常生活和工作中。

（二）运动数据分析

智能设备在体育教育中的运用越来越广泛，它们可以帮助学生收集、分析和显示运动数据，提供了更深入的了解和改进运动技能和身体状况的机会。智能设备如运动追踪器和智能手表可以收集大量的生物数据，如心率、步数、睡眠质量等。这些数据可以帮助学生了解自己的身体状况，监测健康指标，并在需要时采取行动来改善体能水平。智能设备也可以用于运动技能的分析。例如，一些运动传感器可以捕捉运动员的运动轨迹、速度和力量，然后通过应用程序进行分析和反馈。学生可以通过观察这些数据来改进他们的运动技能，调整动作和姿势，以达到更好的表现。

智能设备还可以提供实时反馈。在体育课堂或比赛中，学生可以通过智能设备获得即时的运动数据和建议，帮助他们在运动过程中做出调整，提高技能水平。智能设备可以将运动数据可视化呈现。通过应用程序和在线平台，学生可以查看图表、图形和统计数据，更清晰地了解他们的运动表现和进步情况。这种可视化呈现有助于激发学生的兴趣，并提高他们对运动的参与度。智能设备的运用为学生提供了更多了解和改进运动技能的机会。通过收集、分析和可视化运动数据，学生可以更全面地认识自己的身体状况和运动表现，从而取得更好的体育教育效果。

（三）实时反馈和指导

智能设备在帮助学生改进运动技能方面发挥了关键作用。它们能够提供实时反馈和个性化指导，从而为学生提供了更有效的学习体验。智能设备配备了各种传感器，可以实时监测学生的运动。这些传感器可以测量身体姿势、动作速度、力量输出等多个方面的数据。通过实时监测，学生可以获得准确的反馈，了解自己的运动技能表现。例如，一个智能运动手环可以追踪跑步者的步频和步幅，然后向他们提供关于如何改进步伐的建议。智能设备使用数据分析和机器学习算法来提供个性化的指导。根据学生的运动数据和目标，这些设备可以生成个性化的训练计划。例如，一个智能健身应用程序可以根据用户的健康状况和目标来创建定制的锻炼计划，以确保每个人都得到最合适的训练。智能设备通常具备互动性，可以在学生进行运动时提供声音、视觉或触觉反馈。这种互动性可以使学生更加专注，因为他们可以实时了解自己的运动表现。例如，一个智能高尔夫球杆可以通过振动来提醒球员在击球时保持正确的挥杆轨迹。

智能设备可以记录和跟踪学生的进步。学生可以在应用程序或云端平台上查看他们的运动历史和数据趋势。这种可视化反馈可以激发学生的积极性，鼓励他们坚持锻炼并不断改进自己的技能。智能设备通过实时反馈和个性化指导，为学生提供了改进运动技能的强大工具。它们的传感技术、数据分析能力和互动性使学习变得更加有趣和有效。这种个性化的教育方法有助于学生更好地理解和掌握运动技能，从而提高他们的运动表现。

(四)虚拟实境体验

虚拟现实（VR）和增强现实（AR）技术为学生提供了独特的虚拟实境体验，可用于练习运动技能和战术。这些技术借助沉浸式的虚拟环境和现实世界的融合，创造了一种身临其境的学习体验。虚拟现实技术通过头戴设备和手柄等硬件，将学生置身于虚拟运动场景中。他们可以模拟实际比赛和练习，无须实际参与。这种沉浸感使学生能够亲身体验比赛压力和环境，提高运动技能和决策能力。

增强现实技术将虚拟元素叠加在真实世界中，提供了互动性和实际性。学生可以使用AR眼镜或手机应用程序，观看虚拟运动场景和模拟情境。例如，在足球训练中，AR可以投影虚拟球门和对手，学生可以射门和防守，获得实际感受。

这些技术还可以为学生提供实时反馈和数据分析。传感器和摄像头捕捉运动数据，如动作、速度和位置。学生可以随时查看自己的表现，并获得针对性的指导。教师也可以监测学生的进展，并提供个性化的反馈。虚拟现实和增强现实技术允许学生安全地练习危险的运动技能，如滑雪或攀岩，而无须真实的风险。这种实际练习提高了学生的自信心和技能水平。虚拟现实和增强现实技术为学生提供了身临其境的虚拟实境体验，可以用于练习运动技能和战术。它们不仅提高了技能水平，还增加了互动性和实际性，为体育教育带来了革命性的变革。

二、智能设备应用的教育效益

智能设备在教育中的应用带来了显著的教育效益。这些设备包括智能手机、平板电脑、智能白板和可穿戴设备等。智能设备提供了更广泛的学习资源和机会。学生可以通过在线课程、电子教材和应用程序访问丰富的教育内容。这种无缝的获取方式使学生能够自主学习，并根据自己的需求和兴趣选择学习资源。智能设备促进了互动学习。通过在线讨论、虚拟实验和多媒体内容，学生可以更深入地参与学习过程，理解抽象概念，并培养批判性思维和问题解决能力。智能设备还提供了个性化的学习体验。基于学生的学习历史和表现，智能算法可以为他们定制个性化的学习路径和建议，使每位学生都能充分发挥潜力。智能设备使教育跨越了地理和社会界限。学生可以在任何地方获得高质量的教育资源,而教育者可以更广泛地传播知识和教育方法。智能设备的教育应用提供了更灵活、互动和个性化的学习体验,有助于提高学生的学习成就和教育效益。这些设备已经成为现代教育中不可或缺的工具,有望继续推动教育领域的创新和改进。

(一)提高学生动机和参与度

智能设备的广泛应用在教育领域中为学生提供了更具吸引力的学习体验,从而有效地提高了学习动机和参与度。智能设备提供了个性化学习的机会。通过应用程序和在线平台,学生可以根据自己的学习需求和兴趣选择学习内容,制定学习计划。这种自主权激发了学生的兴趣,使他们更有动力参与学习。智能设备创造了互动性学习环境。虚拟现实和增强现实技术使学生能够沉浸在学习过程中,参与到虚拟情境中。这种身临其境的体验激发了学生的好奇心,使他们更愿意积极参与,探索和学习。智能设备提供了即时反馈和奖励机制。学生可以通过应用程序获得实时的学习成绩和反馈,这种及时的信息鼓励了他们更多地参与学习活动。一些应用还提供了奖励和成就系统,激励学生不断努力,提高学习动力。

智能设备还丰富了学习资源。学生可以通过智能设备访问丰富多样的学习资源,如教育应用、在线课程、模拟实验等。这种多样性提供了更多的学习机会,满足了不同学生的需求和兴趣。智能设备为学生提供了灵活性和便捷性。学生可以随时随地使用智能设备学习,无须受到时间和地点的限制。这种便捷性增加了学习的灵活性,提高了学生的学习积极性。智能设备通过提供个性化学习、互动性、即时反馈、奖励机制、丰富资源和灵活性等多种特点,有效地提高了学生的学习动机和参与度。它们为教育带来了创新,为学生提供了更具吸引力的学习体验,促进了更积极、深入的学习。

(二)个性化学习和进展跟踪

智能设备在体育教育中的应用不仅可以收集和分析运动数据,还可以支持个性化学习,通过跟踪学生的进展来提供定制化的教育体验。智能设备可以根据每个学生的需求和水平提供个性化的训练计划。通过分析学生的运动数据和表现,智能设备可以识别出个体的强项和需改进之处。然后,它们可以根据这些信息创建特定于学生的训练方案,重点关注需要改进的领域,以最大限度地提高学生的运动技能。智能设备可以为学生提供实时反馈和建议。在体育课堂或练习中,它们可以监测学生的运动表现并立即提供指导,帮助学生纠正错误或改进技能。这种及时的个性化反馈有助于学生更快地取得进步。智能设备还可以跟踪学生的学习历程。它们可以记录学生的每次练习、比赛和训练,包括运动数据、时间和成绩等信息。通过这些记录,教育者和学生可以追踪进展,了解哪些领域需要更多的关注和努力。

智能设备可以提供个性化的学习资源和建议。它们可以根据学生的需求和进展推荐特定的训练视频、技巧教程和练习计划。这些资源可以帮助学生在他们最需要的时候获取有针对性的帮助,提高学习效率。智能设备在体育教育中的个性化学习方面具有巨大潜力。通过跟踪学生的进展、提供定制化的训练计划和个性化的学习资源,它们可以帮助每位学生实现自己的学习目标,提高运动技能水平。这种定制化的教育体验有助于激发学生的兴趣,增强他们的动力,提高学习成果。

(三)实际运动技能提高

智能设备在帮助学生提高体育技能方面具有巨大的潜力,主要通过实时反馈和技术分析来改进运动表现。智能设备具备先进的传感技术,可以实时监测学生的运动。例如,智能运动手环、智能体育鞋等设备可以测量运动员的步数、心率、速度、力量和其他运动相关数据。这些数据能够帮助学生更全面地了解自己的运动表现,以便进行改进。智能设备通过实时反馈提供了关键的信息。当学生进行体育活动时,设备可以即时传输数据,并通过声音、振动或可视化界面向他们提供反馈。例如,在高尔夫中,智能高尔夫球杆可以分析挥杆动作,然后通过振动来指导球员改进挥杆轨迹。这种实时反馈使学生能够在运动过程中纠正错误,提高技能。

智能设备还可以进行技术分析。它们可以将学生的运动数据上传到云端或应用程序中,进行深度分析。这包括运动的力学、姿势、速度和节奏等方面的详细信息。运动员可以根据这些分析结果,了解哪些方面需要改进,并制定个性化的训练计划。例如,一个篮球运动员可以通过智能篮球来分析投篮姿势,然后根据分析结果来改进投篮技巧。智能设备可以跟踪学生的进步和历史数据。学生可以随时查看他们的运动历史和趋势,以便评估自己的发展。这种可视化的数据展示可以激发学生的动力，鼓励他们坚持锻炼和不断提高。智能设备通过实时反馈和技术分析，为学生提供了改进体育技能的重要工具。它们的监测、反馈、分析和历史数据追踪功能，使学生能够更有效地学习和改进自己的运动表现。这种技术的应用已经在体育领域产生了深远的影响，帮助学生提高技能水平，更好地理解和掌握体育技艺。

第二节　数据分析与评估在体育教学中的应用

数据分析与评估在体育教学中具有关键作用。它们通过收集和分析学生的运动数据，帮助教师了解学生的表现和进展。教师可以根据数据定制个性化教学计划，识别问题并提供精准反馈。数据分析还用于监测运动员的身体状况和健康，以确保他们的安全和全面发展。综合而言，数据分析与评估在体育教学中是一种强大的工具，提高了教学效果和学生的综合素养数据分析与评估在体育教学中的应用可以帮助教育者更好地理解学生的表现，并提供个性化的教育支持。

一、数据分析与评估在体育教学中的基本原理

数据分析与评估在体育教学中的基本原理关键在于收集、解释和应用数据以改进教育效果。数据收集涵盖运动技能、身体状况和表现数据的采集。数据需要被准确解释，以识别学生的强项和改进点。这涉及数据分析方法的运用，如统计分析和趋势识别。基于数据分析的结果，教师能够制定个性化的教育计划，提供精准的反馈，监测进展并调整教学策略。数据分析与评估原理为体育教学提供了科学化、个性化和有效的教育方法，提高了学生的技能和综合素养。

（一）数据分析概述

数据分析是一种系统性的方法，旨在收集、处理和解释数据以揭示有关特定领域的信息和洞察力。在体育教学中，数据分析的目标是优化学生的学习和表现，以更好地满足教育目标和体育培训需求。数据收集是数据分析的关键步骤之一。在体育教学中，可以通过各种传感器、监测设备和应用程序

来收集数据。例如，运动员可以佩戴智能手表或运动追踪器来捕捉运动数据，如心率、步数、速度等。视频记录和摄像头也可用于捕捉运动技能和表现。数据处理涉及将原始数据转化为可用于分析的格式。这包括数据清洗、整理和转换，以确保数据的准确性和一致性。数据处理还包括数据的归档和存储，以便将来的访问和分析。数据分析涉及使用统计、机器学习和数据可视化等技术来解释数据。通过数据分析，可以识别学生的强项和改进点，发现模式和趋势，为教师提供有关学生表现的深入了解。数据分析还可以用于制定个性化的教育计划，提供精确的反馈，监测进展并调整教学策略。

数据解释是数据分析的最终目标。这包括将数据的结果转化为有意义的信息和建议。教师可以根据数据的解释来做出决策，制定改进计划，并提供有针对性的指导。数据分析在体育教学中具有重要作用，帮助教师和教练更好地理解学生的表现和需求。通过收集、处理和解释数据，可以优化体育教学，提高学生的学习体验和表现，达到更高的教育目标。

（二）评估工具和指标

评估体育学生的表现是体育教育中至关重要的一环，有助于了解学生的进展、确定教学效果和指导课程改进。体能测试是评估学生身体素质和健康水平的关键工具之一。它们可以包括耐力测试（如跑步、游泳）、力量测试（如举重、俯卧撑）、灵活性测试（如体前屈、伸展）等。通过这些测试，教育者可以了解学生的身体状况，帮助他们建立健康的生活习惯，并确定哪些方面需要改进。技能评估用于测量学生在特定体育运动或项目中的技能水平。这可以通过观察学生在实际运动中的表现来实现。例如，在足球课程中，可以评估学生的传球、射门和防守技能。这些评估有助于确定每位学生的强项和需改进之处，为个性化教学提供指导。

比赛成绩也是评估体育学生表现的重要指标之一。学生参加比赛时，他们的表现往往会受到更大的压力和挑战。比赛成绩可以反映出学生在竞技环境中的实际能力和应对能力。通过比赛成绩，教育者可以了解学生在真实竞技场景中的表现，并提供针对性的建议和指导。除了上述工具和指标，教育者还可以使用学生的自我评价和反馈来评估他们的表现。学生可以反思自己在体育活动中的表现，并提供关于自己的感受和进步的反馈。这种自我评估有助于培养学生的自我认知和自我改进能力。评估体育学生表现是体育教育中的重要任务,可以通过体能测试、技能评估、比赛成绩和学生自我评价等多种工具和指标来实现。这些评估有助于提供有针对性的教学和指导,帮助学生不断提高运动技能和身体健康水平。

(三)数据收集方法

为了更好地了解和评估体育学生的表现,采集数据是至关重要的。数据可以通过多种方式收集,包括传感器、视频分析和问卷调查等方法。传感器技术是一种常用的数据采集方法。传感器可以安装在运动员的身体或装备上,以测量各种生理和运动参数。例如,心率监测器可以用来跟踪运动员的心率变化,运动手环可以记录步数和活动强度,体温传感器可以测量体温。这些传感器提供了实时的生物信息,有助于评估运动员的体能和身体状态。视频分析是另一种重要的数据采集方法。通过摄像机录制运动员的表现,可以进行详细的技术分析。视频可以用来评估运动员的姿势、动作流畅性、速度和协调性等方面。视频分析软件可以用来放慢视频,进行帧-by-帧分析,并标记出潜在的改进点。这种方法在教练和运动员之间进行反馈和训练计划制定方面非常有用。

问卷调查是收集学生反馈和意见的重要工具。通过设计针对特定主题或体验的问卷,可以了解学生对体育教学的看法和感受。问卷可以包括开放性问题和封闭性问题,以获取定性和定量数据。例如,学生可以被要求评价他们的教练、课程内容、训练负担等方面的体验。这种方法有助于改善教学方法和满足学生的需求。运动数据还可以通过运动仪器和装备上的内置传感器进行采集。例如,智能运动手表可以记录跑步轨迹和配速,智能篮球可以记录投篮命中率和弧线。这些仪器和装备可以将数据存储在云端或移动应用程序中,以便学生和教练进行分析和评估。采集体育学生的数据是提高教学和运动表现的关键步骤。传感器技术、视频分析和问卷调查等方法提供了多样化的数据来源,有助于更全面地了解学生的体育能力和体验。通过有效地收集和分析这些数据,教育者和教练可以制定个性化的训练计划和改进教学方法,以帮助学生在体育领域取得更好的成绩。

(四)数据分析技术

数据分析技术在揭示学生模式和趋势方面起着关键作用,其中包括统计分析、机器学习和数据可视化。统计分析是一种常用的数据分析技术，用于总结、解释和推断数据。通过描述性统计，我们可以了解数据的基本特征，如平均值、标准差、分布等。推论性统计则允许我们从样本数据中得出关于整体群体的结论。例如，通过统计分析可以确定学生在某一体育项目上的平均得分和方差，帮助教师了解整体表现水平。机器学习是一种强大的技术，可用于发现数据中的模式和趋势。机器学习算法能够自动识别数据中的复杂关系，从而提供更深刻的见解。在体育教学中，机器学习可以用于预测学生的表现、个性化建议和提供针对性的教学。例如，机器学习模型可以根据学生的历史数据预测他们在未来比赛中的表现，并为教师提供有关如何调整训练计划的建议。

数据可视化是将数据以图形、图表和图像的形式呈现的技术。它帮助人们更直观地理解数据，并揭示模式和趋势。通过数据可视化，教师可以创建交互式图表，展示学生的表现趋势，帮助他们了解自己的进展。数据可视化还可以用于比较不同学生或团队的表现，帮助教师做出更明智的决策。统计分析、机器学习和数据可视化是强大的数据分析技术，可以揭示学生的模式和趋势。它们为体育教学提供了有力的工具，帮助教师更好地理解学生的表现，提供个性化的指导和改进教学策略。这些技术将继续在教育领域中发挥重要作用，促进学生的成长和发展。

二、数据分析与评估在体育教学中的实际应用和效益

数据分析与评估在体育教学中具有重要的实际应用和效益。它允许教练和教育者收集大量关于学生运动技能和表现的数据。通过使用传感器、摄像机和其他技术，可以实时监测学生的运动，记录数据并进行分析。这种数据驱动的方法有助于教育者更好地了解学生的强项和需改进之处。数据分析与评估帮助制定个性化的教学计划。根据学生的数据，教育者可以为每位学生制定针对性的训练计划，以帮助他们提高运动技能。这有助于提高教育效果，使学生更快地进步。数据分析也在比赛策略和战术方面发挥关键作用。教练可以分析对手的数据，找到他们的弱点并制定相应的战术。这种数据驱动的分析可以为团队取得更好的比赛成绩提供关键支持。数据分析与评估有助于跟踪学生的进展。教育者可以定期评估学生的运动技能，识别改进的机会，

并调整教学方法。这种反馈循环可以提高教育质量，确保学生获得最佳的体育教育。数据分析与评估在体育教学中是一种强大的工具，它可以帮助教育者更好地了解学生、制定个性化的教学计划、优化比赛策略并跟踪学生的进展。这种数据驱动的方法有助于提高体育教育的质量和效益。

（一）个性化学习支持

利用数据分析和评估结果来提供个性化的学习支持是一项关键任务，它有助于学生克服弱点并发挥优势。数据分析可以帮助教师识别学生的弱点和需求。通过收集和分析学生的学术表现数据，教师可以确定他们在哪些领域遇到了困难。这可以包括课程成绩、测验和作业得分等。一旦弱点被明确识别，就可以有针对性地提供支持。个性化学习计划可以根据学生的需求和兴趣进行制定。教师可以根据数据分析的结果，为每个学生制定独特的学习计划，包括特定的学习目标、教材和活动。这些计划可以根据学生的学习风格和进展进行调整，确保他们获得最有效的学习支持。

数据分析还可以用于跟踪学生的进展和评估学习效果。教师可以定期监测学生的学术表现，并比较实际表现与预期目标。如果学生在特定领域取得了进展，可以进一步鼓励和奖励他们。另一方面，如果学生仍然面临困难，可以调整学习计划并提供额外的支持。个性化的反馈和指导是帮助学生克服弱点和发挥优势的关键。教师可以根据数据分析的结果，提供有针对性的建议和反馈，帮助学生改进他们的学术表现。这包括针对具体问题的解决方案和学习策略的建议。利用数据分析和评估结果来提供个性化的学习支持是一种有效的方法，可以帮助学生克服弱点，发挥优势，并实现更高的学术成就。这种个性化的方法有助于满足不同学生的需求，提高他们的学习动机和参与度，促进教育的成功。

（二）教学决策和课程改进

数据分析在体育教育中的应用是一项强大的工具，可以帮助教育者做出更明智的教学决策、优化课程设计和改进教学方法。数据收集是关键的一步。教育者可以利用各种工具和技术来收集学生的数据，包括体能测试结果、技能评估、学习进度、参与度等。这些数据可以通过传感器、应用程序和电子表格等方式进行记录和存储。数据分析工具和技术可以用来处理和解释收集的数据。这包括使用统计分析方法来识别模式、趋势和关联。例如，教育者可以分析体能测试数据，了解哪些学生在哪些方面表现较好，哪些需要额外的支持。他们还可以分析技能评估数据，以确定哪些技能需要更多的练习和指导。

基于数据分析的结果，教育者可以制定教学决策。例如，如果数据显示某些学生在某项技能上表现较差，教育者可以调整课程内容，增加相关练习，或提供个性化指导。如果数据表明某些学生在体能方面有进步，教育者可以提供额外的挑战，以保持他们的兴趣和动力。数据分析还可以用来优化课程设计。通过分析学生的学习进度和需求，教育者可以调整课程的内容和难度，确保课程能够有效地满足学生的需求。这有助于提高课程的质量和教学效果。数据分析也可以用于持续改进教学方法。通过监测学生的进展和反馈，教育者可以不断地调整教学策略和方法，以适应不同学生的需求和学习风格。这有助于提高教育的效果，并使教育者能够更好地满足学生的需求。数据分析在体育教育中具有巨大的潜力，可以帮助教育者做出更明智的教学决策、优化课程设计和改进教学方法。通过有效地收集、分析和应用数据，教育者可以提高教育的质量，满足学生的需求，促进学生的学习和发展。

（三）学生自我评估和目标设定

学生参与数据分析和自我评估是激发他们积极性、帮助他们设定目标和追踪进展的重要方式。教育者可以教授学生如何收集和解释数据。这包括使用传感器、应用程序和其他工具来收集运动数据。学生可以学习如何分析这些数据，了解其中的趋势和模式。例如，他们可以分析自己的跑步速度数据，以确定是否在提高。学生可以学习如何设定明确的目标。目标应该具体、可测量和可实现。教育者可以引导学生讨论他们想要在特定体育领域取得的成就，并帮助他们将目标细化为小步骤。例如，一个学生可能希望提高自己的篮球投篮命中率，那么他的目标可能是每周增加10%的命中率。自我评估是关键的一步。学生可以通过比较自己的表现和目标来进行自我评估。他们可以使用收集到的数据来支持评估。例如，学生可以观察他们的投篮命中率是否在逐渐上升。通过反思和自我评估，学生可以确定自己的优势和改进点。

学生可以制定行动计划。一旦他们确定了目标和发现了需要改进的领域，他们可以制定计划来实现这些目标。这可能包括增加练习时间、改进技术、调整训练计划等。追踪进展是保持学生动力的关键。学生可以定期检查他们的进展，并将其记录在日志或应用程序中。这种记录可以帮助他们保持关注，看到自己的成长，并在需要时调整计划。让学生参与数据分析和自我评估是培养他们自我管理和目标设定能力的有效方法。这种参与可以激发学生的动力，帮助他们更好地理解自己的能力和进展，并最终实现他们的体育目标。教育者在这一过程中的指导和支持对于学生的成长和发展至关重要。

第三节 虚拟训练与模拟技术的发展

虚拟训练与模拟技术的发展在体育领域产生了深远的影响。这些技术已经经历了显著的演进，不仅提供了更沉浸式的体验，还提高了学习效果。虚拟训练和模拟技术的图像和声音质量不断提高，创造出更逼真的虚拟环境。高分辨率的视觉效果和立体声音效带来了更真实的体验，使学生感觉仿佛置身于实际比赛场地中。这种沉浸感有助于提高学习者的参与度和投入度。虚拟训练和模拟技术越来越多地融合了人工智能和生物力学原理，使学习者能够获得更个性化的反馈和指导。这些技术可以监测和分析学生的运动技能，提供实时的建议和改进点。这种个性化的指导有助于学生更快地提高技能水平。虚拟训练与模拟技术的发展为体育教育提供了更强大的工具，提供了更沉浸式、真实和个性化的学习体验。这些技术不仅有助于学生改进运动技能，还提高了他们的自信心和竞技水平。随着技术的不断进步，虚拟训练和模拟技术将继续在体育教育领域发挥重要作用。

一、虚拟训练的发展

虚拟训练是一种虚拟现实技术的应用，已经在多个领域取得了令人瞩目的发展。它的历史可以追溯到20世纪70年代，当时最早的虚拟训练系统被用于飞行员的飞行模拟培训。从那时起，虚拟训练逐渐发展并扩展到体育、医疗、教育等多个领域。

（一）体育领域

虚拟训练已经成为提高运动员技能和竞技水平的重要工具。虚拟训练系统可以模拟各种运动场景，允许运动员在虚拟环境中练习和比赛，无须真实场地和对手。这有助于提高技能、战术和决策能力。

（二）医疗领域

虚拟训练被广泛用于康复和治疗。它可以帮助康复患者恢复运动功能，通过模拟运动过程来加强肌肉和关节的训练。虚拟训练还可以用于治疗心理障碍，如恐高症和创伤后应激障碍。

（三）教育领域

虚拟训练已经改变了教学方式。它可以为学生提供沉浸式的学习体验，让他们在虚拟环境中探索科学、历史、地理等各种学科。虚拟训练还可以用于职业培训，如医生、工程师和建筑师的模拟培训。

虚拟训练的发展在多个领域引发了革命性的变化。它提供了全新的学习和训练方式，为运动、医疗和教育等领域提供了更多的机会和效益。随着技术的不断进步，虚拟训练将继续发展，为未来的学习和培训带来更多的创新和可能性。

二、模拟技术的发展

模拟技术的发展已经在各个领域产生了深远的影响，包括医疗、航空航天、军事和教育等，其中体育领域也不例外。模拟技术的进步在许多方面提供了重大的创新和效益。模拟技术在体育训练中的应用越来越广泛。运动员可以通过虚拟现实(VR)和增强现实(AR)来模拟比赛场景，进行战术训练和技能练习。这种模拟训练使运动员能够在虚拟环境中体验比赛压力，改善决策能力，并提高竞技水平。模拟技术也在体育医疗领域发挥了重要作用。医疗专业人员可以使用模拟技术来诊断和治疗运动损伤。例如，运动员的运动技能和姿势可以通过生物力学模拟来分析，以识别潜在的风险因素和改进的机会。

模拟技术为体育教育提供了新的教学方法。教育者可以利用虚拟实验室和模拟比赛来教授体育知识和技能。这种互动性的教学方法有助于学生更好地理解和运用所学的内容。模拟技术也在研究领域有所突破。研究人员可以使用模拟技术来模拟各种体育情境，以研究运动行为和生理反应。这有助于推动体育科学的发展,并提供了更多的洞察力。模拟技术的发展在体育领域引发了革命性的变化。它不仅提高了运动员的训练和表现,还为体育医疗、教育和研究带来了巨大的机会。随着技术的不断进步,模拟技术将继续在体育领域发挥重要作用,为运动和教育带来更多的创新和效益。

第四节 在线平台与远程教学的实践

在线平台和远程教学已成为教育领域的重要实践。它们提供了便捷的学习途径,消除了地理障碍,使学生可以随时随地获取教育资源。在线平台结合多媒体教材、实时互动和个性化学习,促进了个人发展。学生可以通过讨论、协作和实验,积极参与课程内容。而远程教学的实践使教育者更具灵活性,能够满足不同学生的需求。在线平台和远程教学已经成为教育的未来,为学生提供了更多的学习机会和多样的学习体验。在线平台与远程教学的实践已经在教育领域中广泛应用,包括体育教育。

一、在线平台与远程教学的基本原理和工具

在线平台与远程教学的基本原理和工具基于网络和技术的结合,实现了远程学习和教育。这些平台通过互联网连接教师和学生,提供了学习资源、教材和工具。基本原理包括远程通信、信息传递和互动。教师可以通过视频会议、在线讲座和电子邮件与学生交流。工具包括视频会议软件、在线教育平台、电子白板和学习管理系统。这些工具允许教师传授知识、评估学生表现、发布作业和提供反馈。在线平台与远程教学已成为现代教育的重要组成部分,为学生提供了便捷的学习方式,促进了全球范围内的教育机会。

(一)在线平台概述

在线教育平台是一种基于互联网技术的教育工具,旨在提供灵活、便捷和个性化的教育体验。在线教育平台的特点之一是可访问性。学生可以随时随地访问课程内容和学习资源,无须受时间和地点的限制。这种便捷性使教育变得更加包容,使更多人获得高质量的教育。个性化学习是在线教育平台的核心目标之一。这些平台使用学习分析和数据收集工具,根据学生的需求

和能力水平定制教育内容和学习路径。这种个性化的方法有助于提高学生的学习效果和满意度。在线教育平台提供了多样化的学习资源和工具，如视频课程、在线测验、互动讨论和虚拟实验。这些多样性的资源丰富了学习体验，使学生能够以多种方式获取知识和技能。

在线教育平台还鼓励学生与教师和同学之间建立联系和互动。虽然学习是在线进行的，但通过在线讨论、协作工具和实时反馈，学生可以积极参与学术社区，并获得支持和指导。在线教育平台的优势之一是可持续性和可扩展性。它们可以容纳大量学生，无须额外的教室和设施。它们可以不断更新和改进课程内容，以跟上不断变化的教育需求和技术进展。在线教育平台是一种革命性的教育工具，具有可访问性、个性化学习、多样化的资源、互动性和可持续性等特点和目标。它们为学生提供了更加灵活、便捷和丰富的学习体验，有助于满足不同学习需求，促进教育的成功。

（二）远程教学工具

远程教学是当今教育领域的重要趋势，借助各种工具和技术，教育者能够有效地进行在线教育。平台如 Zoom、Microsoft Teams 和 Google Meet 等允许教育者与学生进行实时互动。这些工具支持视频和音频通话，以及屏幕共享，使教育者能够模拟传统课堂环境。通过视频会议，教育者可以传授知识、回答问题，并与学生进行讨论和互动。在线课程管理系统（LMS）是远程教学的关键工具之一。平台如 Moodle、Canvas 和 Blackboard 等提供了创建、管理和交付在线课程的功能。教育者可以在 LMS 上上传课程材料、发布作业和测验、跟踪学生进展，并提供在线资源。这些系统使学生能够访问课程内容，提交作业，并与教育者和同学进行交流。

云存储技术也对远程教学起到了关键作用。教育者和学生可以使用云存储服务（如 Google Drive、Dropbox 和 OneDrive）来存储和分享文档、演示文稿、视频和其他教育资源。这些云存储服务不仅提供了便捷的存储和访问方式，还允许多人协作编辑和共享文件，促进了团队合作。在远程教学中，社交媒体和在线协作工具也发挥了关键作用。教育者可以使用社交媒体平台（如 Twitter、Facebook 和 LinkedIn）来与学生互动，并分享教育相关的资源和信息。在线协作工具（如 Google 文档、Microsoft OneNote 和 Trello）可促进学生之间的合作和项目管理。

远程教学工具和技术为教育者提供了更广泛的教学选择，允许他们实现高质量的在线教育。这些工具和技术使教育能够灵活地适应不同的学习需求，提供与传统课堂教育类似的教育体验。通过视频会议、在线课程管理系统、云存储和社交媒体等工具的应用，远程教学正在不断发展和改进，以满足学生和教育者的需求。

（三）跨学科合作

在线平台为促进跨学科合作和资源共享提供了强大的工具，从而提高了教育质量。在线平台可以容易地连接不同学科的教育者和学生。教育者可以创建多学科的课程和项目，鼓励学生跨足多个学科领域，从而拓宽他们的知识和技能。这种跨学科合作不仅有助于学生深入理解不同学科之间的关联，还促进了创新和综合思考。在线平台允许教育者和机构共享教育资源。教育资料、教案、课程模块和多媒体教材都可以在线存储和共享。这种资源共享减少了教育成本，提高了资源利用效率，并使教育更加可持续。教育者可以从全球范围内获取和共享最佳实践，以改进他们的教学方法。在线平台提供了协作和交流工具，促进了学生和教育者之间的互动。学生可以参与跨学科的在线项目和讨论，与来自不同背景的同学共同解决问题。这种协作性学习培养了团队合作和沟通技能，有助于学生在不同学科领域中取得成功。在线平台还可以促进国际间的合作和资源共享。在线平台提供了数据分析工具，用于评估跨学科合作的效果。教育者可以收集和分析学生的表现数据，以确定合作是否增强了他们的学术成就。这种反馈有助于不断改进教学方法和课程设计。在线平台通过连接不同学科、共享资源、促进协作和国际合作以及提供数据分析工具，为促进跨学科合作和资源共享提供了强大的支持，从而提高了教育质量。这种跨学科合作和资源共享有助于培养学生的综合素养，提供更丰富的教育体验，并应对不断变化的教育需求。

二、在线平台与远程教学的实际应用和教育效益

在线平台与远程教学的实际应用已经在教育领域带来了显著的教育效益。它们提供了更广泛的教育机会，使学生可以在全球范围内访问高质量的教育资源。这意味着学生不再受制于地理位置或时间限制，可以根据自己的

时间表和需求学习。在线平台和远程教学提供了更加个性化的学习体验。教育者可以根据学生的学习风格和需求，调整教学内容和方法。这种个性化的教学有助于学生更好地理解和掌握知识。在线平台和远程教学还提供了更多的互动性。通过在线讨论、实时反馈和虚拟实验室，学生可以积极参与学习过程，与教育者和同学互动，分享观点和经验。这些技术还为学生提供了更多的自主学习机会。学生可以在自己的步调下学习，选择感兴趣的课程和主题。这种自主学习有助于培养学生的自我管理和独立思考能力。在线平台与远程教学的实际应用为教育带来了更大的灵活性、个性化、互动性和自主性。这些特点提高了教育的质量和效益，使学生能够更好地适应现代社会的教育需求。随着技术的不断发展，这些趋势将继续为教育领域带来新的机会和挑战。

（一）灵活学习和学习资源

在线平台通过提供更加灵活的学习机会和多样化的学习资源，为学生创造了更富有吸引力的学习环境。在线平台允许学生自主安排学习时间和地点。学生可以根据自己的时间表和喜好，在任何地方访问课程内容。这种灵活性使学习适应了个体差异，允许学生根据自己的学习速度和需求进行学习。在线平台提供了多样化的学习资源。学生可以通过在线视频教程观看专家讲解，通过电子教材获取课程材料，还可以参与在线讨论和协作项目。这种多样性的资源使学习更加丰富多彩，能够满足不同学生的学习风格和需求。在线平台还支持自适应学习。通过学习分析和数据收集，平台可以根据学生的表现和需求自动调整课程内容和建议。这种个性化的学习路径有助于学生更好地理解课程内容，充分发挥潜力。

在线平台还鼓励学生参与实践和应用。学生可以通过虚拟实验、模拟项目和在线测验来应用所学知识，从而提高理解和记忆的深度。在线平台为学生提供了更广泛的学习机会。学生可以跨足不同领域的课程，无论是在学术领域还是技能培训领域。这种多样性有助于学生培养综合素养，更好地适应不断变化的工作和社会需求。在线平台通过提供灵活性、多样化的学习资源、自适应学习和实践机会，为学生提供了更加丰富、个性化和吸引人的学习机会。这种学习方式有助于满足不同学生的需求，提高他们的学习动机和参与度，促进更深入的学习和知识的应用。

（二）学习者参与度和反馈

在线平台在提高学生的参与度和支持学习方面发挥了关键作用。在线互动是在线平台的一个重要组成部分。通过在线互动，教育者可以与学生建立联系，促进学生的积极参与。这包括在线讨论、实时聊天、问答环节和在线投票等。通过这些互动，学生可以提出问题、分享见解，并与同学和教育者进行交流。这种实时互动使学生能够更深入地理解课程内容，并感到更有动力参与学习。讨论论坛是在线平台的重要工具之一，它鼓励学生在虚拟环境中参与有组织的讨论。教育者可以创建主题讨论、提出问题，并要求学生在论坛上发表意见和回应同学的观点。这种形式的学术互动不仅有助于学生深入思考问题，还提供了时间来组织自己的思维并表达观点。学生可以在自己的时间内参与讨论，增加了灵活性。

实时反馈也是在线平台的重要功能。教育者可以使用在线工具提供即时反馈，包括测验和问答活动。这使学生能够快速评估自己的理解程度，并纠正错误。教育者还可以通过在线平台跟踪学生的进展，了解哪些内容需要进一步讨论和解释。在线平台还支持多媒体资源的使用，如视频、音频和互动模拟。这些资源可以帮助学生更好地理解和吸收课程内容，增加他们的学习兴趣。在线平台通过在线互动、讨论论坛和实时反馈等功能，提高了学生的参与度和支持学习。这些工具和技术不仅使学生能够更深入地参与学术活动，还为教育者提供了更多的机会来促进学生的学习和发展。通过在线平台，教育者可以创造一个具有积极互动和学术探讨氛围的学习环境，有助于学生更好地实现学习目标。

（三）教师角色和培训

教师在远程教学中的角色发生了重大转变，需要适应在线教育环境。教师不再仅仅是知识的传递者，还扮演着导师、技术支持、课程设计师和学生导向的角色。教师成了导师和指导者。他们需要引导学生在远程环境中自主学习，帮助他们解决学术和技术问题。教师应该提供反馈、鼓励和激励，以确保学生保持学习动力和积极性。教师需要成为技术支持专家。在线教育依赖于技术工具，教师必须熟练掌握这些工具，以确保顺畅的学习体验。他们应该能够解决学生在使用学习管理系统或其他在线工具时遇到的问题。课程设计师的角色也变得至关重要。教师需要重新思考课程设计，以适应远程教育环境。这可能包括重新制定课程材料、选择合适的在线资源、设计互动性任务和评估方法，以及确保内容的可访问性和易理解性。

教师还需要成为学生导向的教育者。他们应该了解每个学生的学习需求和背景，为他们提供个性化的支持和指导。这需要建立良好的沟通和互动渠道，以便教师可以更好地了解学生的需求。为了适应这种角色转变，教师培训变得至关重要。教育机构应该提供专门的培训课程，帮助教师掌握在线教育工具和方法。这些培训课程可以涵盖技术培训、在线课程设计、学生导向教育等方面。教师还可以从同事和专家的经验中学习，并不断更新他们的教育技能。教师在远程教学中的角色转变需要他们具备更多的技术技能和教育方法，以满足不断变化的教育需求。通过适应性的培训和不断学习，教师可以更好地发挥他们在在线教育中的作用，提供高质量的教育。

第五节　移动应用程序在体育教学的角色

移动应用程序在体育教学中扮演重要角色。它们为学生提供了方便的学习资源，如运动技巧教程、训练计划和规则解释。通过交互式应用程序，学生可以自主学习和练习，随时随地获取信息。应用程序还允许教师跟踪学生的进展，提供实时反馈和个性化指导。移动应用程序可以用于比赛和比赛统计，促进竞技水平提高。总之，移动应用程序在体育教学中为学生和教师提供了便捷的工具，丰富了教育资源，提高了学习效果和全面素养移动应用程序在体育教学中起着越来越重要的角色，为学生和教育者提供了丰富的资源和工具。

一、移动应用程序在体育教学中的基本原理和功能

移动应用程序在体育教学中的基本原理是结合移动设备和应用软件，以提供便捷的学习资源和交互性。这些应用的功能包括教学材料的提供，如运动技巧示范和规则解释，帮助学生理解和学习。它们支持个性化学习，允许学生自主学习和练习，根据自己的需要和进度制定学习计划。应用程序还提

供了实时反馈和评估的机会,教师可以监测学生的进展,提供指导和支持。总之,移动应用程序通过结合技术和教育,提供了便捷的学习方式,丰富了体育教学的资源和交互性。

(一)移动应用程序概述

移动应用程序,通常简称为移动App,是一种为移动设备(如智能手机和平板电脑)设计和开发的软件程序。移动应用程序的主要特点之一是便携性。它们被设计成轻巧且易于携带,能够在移动设备上随时随地运行。这种便携性使用户能够在任何地方、任何时间访问应用程序的功能和内容,无须依赖固定的计算机或网络连接。移动应用程序通常具有用户友好的界面和交互方式。它们被优化为移动设备的触摸屏和小屏幕,使用户能够轻松浏览、操作和与应用程序互动。这种用户友好性有助于提供出色的用户体验,使应用程序易于使用和广受欢迎。移动应用程序的目标之一是提供多样化的功能和服务。它们可以用于各种不同的用途,包括社交媒体、游戏、教育、健康、金融和娱乐等。这种多功能性使移动应用程序成为用户的生活和工作的重要工具。移动应用程序的普及性也是其目标之一。由于智能手机和平板电脑已经广泛普及,许多人都拥有这些设备,因此移动应用程序可以触及大量的用户群体。这种广泛的普及性为开发者提供了巨大的市场潜力,吸引了大量的开发者和创新。移动应用程序通常具有高度可定制性。用户可以根据自己的需求和偏好选择和定制应用程序的功能和外观。这种个性化使用户能够创建属于自己的个性化移动体验。移动应用程序是为移动设备设计和开发的软件程序,具有便携性、用户友好性、多功能性、普及性和可定制性等特点和目标。它们已经成为现代生活中不可或缺的一部分,为用户提供了各种各样的功能和服务,促进了数字化时代的便利和互联性。

(二)体育教学工具

移动应用程序工具在体育教学中发挥着越来越重要的作用,它们提供了许多便捷的方式来改善教育和培训体育技能。运动技能视频分析应用程序为学生和教练提供了一个强大的工具,用于审查和改进运动技能。通过录制和分析视频,学生可以详细查看他们的动作,发现错误并进行改进。教练可以使用这些应用程序为学生提供反馈和建议,以帮助他们提高技能水平。这种实时的视频分析有助于提高运动员的技术精度，是训练过程中不可或缺的一部分。计时器应用程序对于测量和监控体育活动的时间非常有用。无论是在训练还是比赛中，准确的计时非常关键。这些应用程序可以用于跑步、游泳、篮球等各种体育项目，确保比赛或训练的时间得以精确掌握。计时器应用程序还可以帮助学生实现时间目标，提高运动效率。

训练计划应用程序可以帮助学生和教练创建和管理训练计划。这些应用程序通常包括日历、任务列表、计划模板等功能，使用户能够有效地安排训练，记录进度和设定目标。教练可以根据学生的需求和能力水平制定个性化的训练计划，以确保他们的体育技能不断提高。移动应用程序还可以提供学习资料、技巧和战术策略的信息，以及身体健康监测工具，如心率监测器和卡路里计算器。这些应用程序提供了全面的支持，有助于学生更好地理解和管理他们的体育活动。移动应用程序工具在体育教学中具有广泛的应用，它们可以帮助学生和教练改进技能、监控进展、管理训练计划，以及获取重要的体育信息。这些工具提供了便捷的方式来促进体育教育的发展，提高运动员的表现水平，从而在体育领域获得更多的成功。

（三）数据收集和分析

移动应用程序在体育教学中起着重要的作用，帮助收集和分析运动数据，从而帮助学生改进技能。这些应用程序提供了多种功能和优势，有助于提高学习效果。移动应用程序能够实时监测学生的运动表现。通过使用传感器和智能设备，这些应用程序可以收集有关学生运动技能的数据，如速度、力量、姿势和运动轨迹。这使教师能够提供实时反馈，指导学生在运动中作出即时的修正和改进。移动应用程序提供了数据分析工具。学生和教师可以轻松访问已收集的运动数据，并使用分析工具来评估学生的表现。这些工具可以帮助识别潜在问题和改进点，从而制定个性化的学习计划。移动应用程序能够记录学生的运动进展。学生可以跟踪他们的运动历史和成绩，以便了解他们的进步和发展。这种自我监测可以激发学生的动力，使他们更有动力去改进自己的技能。

移动应用程序可以提供教育资源和指导。学生可以使用这些应用程序来访问教学视频、练习计划和技能教程。这些资源可以帮助学生更好地理解和掌握运动技能。移动应用程序还可以促进学生之间的合作和竞争。学生可以与同学比较自己的成绩，鼓励彼此竞争和合作，从而提高学习动力和团队精神。移动应用程序在体育教学中具有巨大潜力，帮助学生改进技能。它们提供了实时监测、数据分析、进展记录、教育资源和合作机会等多种功能，有助于提高学习效果，使学生更加成功地掌握体育技能。

（四）学习资源和互动性

移动应用程序在教育领域中发挥着关键作用，为学生提供了多样化的学习资源，包括教材、模拟和互动练习，以支持他们的学习。移动应用程序为学生提供了广泛的教材资源。学生可以通过这些应用程序访问电子书、学习笔记、教育视频和在线课程。这些教材资源通常涵盖各个学科和领域，使学生能够获取丰富多样的学习材料，以满足他们的学术需求。移动应用程序提供了模拟和虚拟实验的机会。许多教育应用程序包括交互式模拟，帮助学生在安全和控制的环境中探索和实验。例如，学生可以使用化学模拟应用程序进行化学实验，而无须实际设备。这种模拟提供了实践和应用知识的机会，增强了学习的深度和理解。互动练习是移动应用程序的常见特征。这些应用程序包括各种测验、小测验和练习题，允许学生测试自己的知识和技能。通过即时反馈，学生可以了解他们的强项和弱点，并有机会针对性地改进。

移动应用程序还促进了学生之间的协作和互动。一些应用程序允许学生共享学习资源、笔记和讨论。这种互动促进了学生之间的合作，提高了学习效果。移动应用程序通常具有便携性。学生可以在任何地方、任何时间使用这些应用程序，无须依赖固定的学习环境。这种便携性使学习变得更加灵活，有助于学生更好地融入日常生活。移动应用程序为学生提供了丰富多样的学习资源，包括教材、模拟和互动练习，以支持他们的学习。这些应用程序丰富了学习体验，提高了学习效果，为学生提供了更多学术和实践的机会，促进了知识的深度和理解。

二、移动应用程序在体育教学中的实际应用和教育效益

移动应用程序在体育教学中的实际应用已经取得显著的教育效益。这些应用程序提供了便捷的学习工具，学生可以随时随地通过智能手机或平板电脑访问教育资源。这种便利性使学生能够更加灵活地安排学习时间，提高了

学习的效率。移动应用程序为学生提供了互动和个性化学习的机会。许多应用程序具有交互性，可以通过练习和测验来测试学生的知识和技能，同时提供即时的反馈。一些应用程序还可以根据学生的表现调整教学内容，实现个性化教育。移动应用程序还可以用于记录和追踪学生的进度。教育者可以通过这些应用程序了解学生的学习情况，识别学术挑战，并提供额外的支持。这种数据驱动的教学方法有助于提高学生的学术成绩和自我反思能力。一些移动应用程序还提供了虚拟实验室和模拟体育场景，帮助学生更好地理解体育知识和技能。这种沉浸式学习体验可以激发学生的兴趣，提高他们的参与度。移动应用程序在体育教学中的实际应用为学生提供了更多的学习机会和资源，提高了学习的便捷性和个性化程度。这些应用程序的教育效益在提高学生的学术成绩、自我管理和学习动力方面都有所体现。随着移动技术的不断发展，这种趋势将继续为体育教育带来更多的创新和效益。

（一）实时反馈和个性化指导

移动应用程序在提供实时反馈和个性化指导方面发挥了关键作用，帮助学生改进运动技能。这些应用程序采用了各种传感器和技术，以监测和分析学生的运动，从而提供有针对性的反馈和指导。移动应用程序利用内置的传感器，如加速度计和陀螺仪，来监测学生的运动姿势和技能执行。通过实时数据收集和分析，这些应用程序能够提供即时的反馈，告诉学生他们是否执行得正确。例如，在高尔夫教学应用中，应用程序可以分析挥杆动作，然后提供关于挥杆的速度、平衡和力度等方面的反馈。移动应用程序通常结合视频分析功能，允许学生录制他们的运动，并与专业示范视频进行比较。这种视频对比帮助学生更清晰地看到他们的技能差距，并提供了改进的方向。例如，在篮球教学应用中，学生可以录制自己的投篮动作，然后与职业篮球球员的投篮动作进行比较，以识别并改进不足之处。

移动应用程序还可以生成个性化的训练计划和建议。根据学生的技能水平和目标，应用程序可以制定定制化的训练计划，并提供有关如何改进技能的个性化建议。这种个性化指导有助于学生更有效地提高他们的运动技能，根据自己的需求进行改进。一些移动应用程序还提供了社交互动功能，允许学生与教练和同学分享他们的运动进展。这种互动可以促进学生之间的合作和竞争，提供了额外的激励和支持。移动应用程序的便携性使学生能够在任何地方、任何时间进行训练和改进。无论是在球场上、健身房中还是在家里，学生都可以轻松访问这些应用程序，获得实时反馈和个性化指导。移动应用程序通过传感器、视频分析、个性化建议和社交互动等功能，提供实时反馈和个性化指导，帮助学生改进运动技能。这种技术的应用有助于提高学生的运动表现，增强他们的自信心，并促进了更加有效的学习和技能提高过程。

（二）学习者参与度和动机

移动应用程序在体育教学中提供了一种吸引学生并增加他们的参与度和学习动机的有效方式。移动应用程序通常以直观、交互式和视觉上吸引人的方式呈现内容。通过图形、视频、音频和动画等多媒体元素，这些应用程序能够吸引学生的眼球，使他们更容易投入学习。这种视觉吸引力可以帮助学生更好地理解体育技能和战术，提高他们的学习体验。移动应用程序提供了个性化的学习体验。学生可以根据自己的兴趣和需求选择适合他们的应用程序和内容。这种自主选择的权利激发了学生的学习动机，因为他们感到更有掌控力和参与度。一些应用程序还提供了学习路径的定制，根据学生的进展水平自动调整内容难度，确保他们在适当的挑战下学习。移动应用程序常常通过游戏化元素增加学生的参与度。许多应用程序采用了游戏化学习的原则，如成就徽章、积分制度和竞赛，激发了学生的竞争心和学习兴趣。这种竞争和奖励机制可以鼓励学生积极参与学习，努力提高自己的技能水平。

移动应用程序提供了即时反馈的机会。学生可以立刻看到他们的表现，并获得有关改进的建议。这种及时的反馈有助于学生识别问题并纠正错误，从而增强了他们的自信心和学习动机。移动应用程序可以促进协作和社交学习。一些应用程序允许学生与其他学生互动、分享成果和合作解决问题。这种社交学习的机会可以增加学生的参与度，因为他们感到与同伴共同努力实现共同目标。移动应用程序通过吸引人的界面、个性化学习、游戏化元素、即时反馈和社交学习机会，提高了学生的参与度和学习动机。它们为学生提供了更具吸引力和有趣的学习体验，从而帮助他们更好地理解和掌握体育知识和技能。

（三）移动应用程序评估

评估和选择适合体育教学的移动应用程序是确保教育目标实现的重要一

步。明确教育目标。在选择应用程序之前,教师和教育机构应明确体育教学的目标和期望的学习成果。这有助于确定需要哪些功能和工具来支持这些目标的实现。考虑应用程序的内容和资源。应用程序应提供与教育课程和学习目标相关的内容和资源。教师应检查应用程序是否包括适当的教学视频、练习计划、技能教程等教育资料。评估应用程序的互动性和个性化支持。好的应用程序应具备互动性,允许学生参与实际的运动活动,并提供个性化的指导和反馈。教师应查看应用程序是否支持学生的自主学习和个性化进展。考虑应用程序的易用性和可访问性。应用程序应该容易上手,不需要过多的技术技能。同时,它们应该在不同设备上可用,并提供无障碍选项,以确保所有学生都能方便地使用。还需要考虑数据隐私和安全性。教育机构和教师应确保所选应用程序符合数据隐私法规,不会泄露学生的个人信息。应用程序应提供安全的登录和数据存储选项。了解应用程序的技术支持和培训资源。选择应用程序后,教育机构和教师应了解是否提供了技术支持、培训和帮助中心,以解决任何技术或使用上的问题。评估和选择适合体育教学的移动应用程序需要综合考虑教育目标、内容和资源、互动性、个性化支持、易用性、数据隐私、技术支持和培训等多个因素。只有在充分考虑这些因素的基础上,才能确保应用程序能够有效地支持体育教育的实施和学生的学习。

第六节 人工智能与体育教学的未来

人工智能(AI)在体育教学领域的未来充满潜力。AI技术将进一步改变体育教学的方式和效果。AI可以提供更个性化的学习体验。通过分析学生的运动技能和学习习惯,AI系统可以为每位学生制定独特的教学计划和练习建议。这种个性化的指导有助于学生更快地提高技能水平。AI在模拟训练和比赛策略方面将发挥关键作用。虚拟训练场景和智能对手将使学生能够在安全的环境中反复练习,并测试不同的战术选择。AI还可以分析大量比赛数据,为教练和学生提供有关战术和策略的深入见解。AI还可以改善体育医学和康复。它可以帮助识别运动伤害风险,监测运动员的健康状况,并制定个性化的康复计划。人工智能将为体育教学带来更智能化、个性化和高效的方法。它将提高学生的技能水平,增强教练的分析能力,并推动体育教育的创新。未来，我们可以期待看到 AI 在体育教学中的广泛应用，为学生和运动员提供更出色的体验和表现机会。人工智能（AI）在体育教学领域的应用正在取得快速发展，对未来的体育教学产生深远影响。

一、人工智能在体育教学中的基本原理和应用

人工智能在体育教学中的基本原理和应用具有广泛的潜力。人工智能可以通过大数据分析来帮助教育者了解学生的学习需求和趋势。这些数据可以用于个性化教学，根据学生的表现和需求调整教学方法和内容。人工智能在体育教学中可以应用于虚拟现实和模拟训练。通过使用虚拟现实技术，学生可以模拟比赛场景和运动技能练习，提高他们的实际技能水平。这种沉浸式学习体验可以更好地准备学生面对真实比赛的挑战。人工智能还可以用于自动化评估和反馈。通过机器学习算法，教育者可以自动评估学生的运动技能，提供即时反馈和建议。这有助于学生更好地理解自己的表现，并及时改进。人工智能还可以用于创建智能教育助手，回答学生的问题，提供学习建议，以及协助教育者管理教学资源。这种技术可以提高教学效率，减轻教育者的工作负担。人工智能在体育教学中的应用具有巨大的潜力，可以改善教育质量和学生的学习体验。通过个性化教学、虚拟现实、自动化评估和智能助手等方式，人工智能有望为体育教育带来更多的创新和效益

（一）人工智能概述

人工智能是一种模拟人类智能的技术，其特点包括模式识别、自动学习和智能决策。它的目标是使计算机能够模拟和执行复杂的认知任务，如问题解决、语音识别和自然语言理解。在体育教学中，人工智能具有巨大的潜在作用。它可以用于分析学生的运动技能和表现。通过计算机视觉技术和传感器，人工智能可以捕捉和分析学生在体育活动中的动作，提供实时的运动分析和反馈。这有助于教练和学生更好地理解运动技能的优点和改进点。人工智能可以提供个性化的训练和建议。通过分析学生的运动数据，它可以根据每个学生的需求和水平制定定制化的训练计划，以帮助他们改进技能。这种个性化指导有助于提高学生的运动表现和学习效果。

人工智能可以用于模拟竞技场景。虚拟实境和增强现实技术可以模拟比

赛和训练场景，使学生能够在虚拟环境中锻炼和竞争，从而提高他们的竞技水平。人工智能还可以用于教育游戏的开发。通过游戏化学习和互动模拟，学生可以在玩游戏的过程中学习运动技能和战术，增加了学习的趣味性和动机。人工智能在体育教学中的潜在作用包括运动分析、个性化指导、竞技模拟和教育游戏的开发。它有助于提高学生的运动表现、学习效果和参与度，为体育教育领域带来了创新和改进的机会。

（二）运动技能分析

人工智能技术在体育教育中的应用为对学生的运动技能进行分析和评估提供了重要的机会。人工智能可以通过运动传感器和摄像头来收集大量的运动数据。这些数据可以包括关于运动员的运动轨迹、速度、力量、姿势等信息。通过深度学习和机器学习算法，人工智能可以分析这些数据并生成有关运动技能的详细报告。这种实时数据分析能力可以帮助教练和运动员更全面地了解他们的表现。人工智能技术可以提供即时反馈。通过实时数据分析，系统可以立即识别运动员的弱点和错误，然后提供具体的反馈。这种及时的反馈有助于运动员立刻纠正错误，改进技能。例如，当一个足球运动员踢球时，人工智能可以分析踢球的姿势和力度，然后提供关于如何改进踢球技巧的建议。

人工智能技术还可以根据运动员的数据历史和目标制定个性化的训练计划。通过分析学生的表现和进展，系统可以自动调整训练计划，确保学生在适当的难度和挑战下持续提高。这种个性化的指导可以激发学生的学习动机，因为他们看到了自己的进步。人工智能可以提供定制的改进建议。根据学生的特定需求和问题，系统可以生成针对性的建议，帮助他们克服障碍并改进技能。这种定制的建议有助于学生更有针对性地训练和提高。人工智能技术通过实时数据分析、即时反馈、个性化训练计划和定制建议，为对学生的运动技能进行分析和评估提供了强大的工具。它们不仅可以提供更全面的了解和指导，还可以激发学生的学习动机，帮助他们更好地发展和提高运动技能。

（三）个性化教学

个性化的体育教学计划和支持可以通过利用人工智能（AI）来实现。AI可以分析学生的运动表现和能力水平。通过使用传感器和智能设备，AI可以收集大量的数据,如运动速度、技能水平和运动姿势。这些数据可以用来评估学生的强项和改进点,帮助教师了解每个学生的个体需求。AI可以根据学生的表现制定个性化的教学计划。基于学生的数据和目标,AI可以为每个学生制定适合他们的练习计划和技能提高建议。这可以确保每个学生都在适合他们的水平上进行学习,从而提高学习效果。AI可以提供实时反馈和指导。在学生进行运动练习或比赛时,AI可以提供即时的反馈,指导他们在运动中作出必要的修正。这有助于学生及时纠正错误,提高技能水平。AI可以监测学生的进展。通过连续分析和跟踪学生的表现,AI可以识别学生的发展趋势和改进情况。这有助于教师和学生了解他们的进步,设定新的目标和调整教学计划。AI还可以个性化学习资源。根据学生的需求和水平,AI可以推荐适合他们的教育资源,如教学视频、练习计划和技能教程。这样,学生可以更好地理解和掌握相关的知识和技能。利用人工智能可以为每个学生提供个性化的体育教学计划和支持。AI可以分析数据、制定计划、提供反馈、监测进展和个性化资源,从而帮助学生在体育教育中取得更好的成绩和表现。这种个性化的教学方法有助于满足不同学生的需求,提高他们的学习体验和成就水平。

二、人工智能与体育教学的未来展望和教育创新

人工智能在体育教学中的未来展望非常广阔,将带来教育创新的巨大机遇。AI可以提供个性化的学习体验,根据学生的需求和能力水平定制教育内容和计划。AI可用于数据分析,帮助教师更好地了解学生的表现和进展,提供精确的反馈和指导。AI可以模拟虚拟训练环境,提供安全、可控的实际体验,加速技能和决策的提高。最重要的是,AI将促进全球范围内的教育合作和资源共享,拓展学习机会,提高教育的可及性。未来,AI将成为体育教学的强大工具,为学生和教师带来更多的教育创新和可能性。

(一)深度学习和机器学习

深度学习和机器学习算法在提高运动技能分析和预测能力方面具有显著潜力。这些算法通过处理大量的运动数据,可以提供更精确、个性化的分析和预测。深度学习和机器学习算法可以用于运动技能分析。通过分析运动员

的视频和传感器数据,这些算法可以自动识别和跟踪关键动作和姿势。例如,在篮球中,算法可以分析球员的投篮姿势,检测是否存在技术问题。这种分析有助于教练和运动员更好地理解他们的技能优点和改进空间。这些算法可以用于预测运动员的表现和潜力。通过分析历史数据和个体特征,算法可以建立模型,预测运动员未来的表现。这对于选拔和发展潜在的运动天才非常有用,同时也帮助教练制定更有效的训练计划。

深度学习和机器学习可以用于个性化的训练建议。通过分析个体的运动数据和学习风格,算法可以为每个运动员制定独特的训练计划和建议。这种个性化指导有助于运动员更有效地改进他们的技能,同时提高了他们的学习动机。这些算法可以用于运动比赛的实时分析和决策支持。在比赛中,算法可以分析比赛数据和对手的表现,为教练提供战术建议和比赛策略。这有助于提高比赛的胜算和决策质量。深度学习和机器学习算法在运动技能分析和预测方面有广泛的应用前景。它们通过自动化分析和个性化建议,提高了运动教育和培训的效率和效果。这些算法将继续推动体育领域的创新和进步,为运动员和教练提供更好的支持和指导。

(二)智能体育装备

未来可能的智能体育装备将革命性地改变运动体验,为运动员和教练提供更多的数据和信息。这些装备将结合先进的技术,包括传感器、无线通信和人工智能,智能球将成为一项重要的创新。这些球将配备高度敏感的传感器,能够测量球的旋转、速度、路径和碰撞力度。这些数据将对足球、篮球、网球等多种运动提供更精确的分析。教练和运动员可以通过智能球获得关于球的运动轨迹、弧线和旋转方向的详细信息,从而更好地理解和改进他们的技能。智能服装将成为运动员的重要工具。这些服装将配备生物传感器,能够监测运动员的生理数据,如心率、体温、血氧饱和度等。智能服装还可以提供有关肌肉活动和运动员的运动力学的信息。这有助于运动员更好地管理他们的体能状态,减少受伤风险,提高表现水平。

智能场地将改变比赛和训练的方式。体育场地将配备传感器和摄像头,能够实时监测比赛或训练的各个方面。这包括运动员的位置、速度、距离和战术选择。智能场地还可以模拟各种比赛情境,为运动员提供更真实的训练体验。未来的智能体育装备将通过提供更多的数据和信息来提高运动的质量和效率。这些装备将帮助教练和运动员更好地理解和改进他们的技能,同时提供更安全和有趣的运动体验。这将推动体育科技的发展,为体育领域带来新的机遇和挑战。

(三)虚拟训练和模拟

结合人工智能(AI)和虚拟现实(VR)技术可以为学生提供高度沉浸式的虚拟训练和模拟体验,这在体育教育领域有着巨大的潜力。AI可以定制个性化的虚拟训练计划。AI可以分析学生的运动数据和表现,根据他们的需求和技能水平生成定制的虚拟训练计划。这些计划可以针对不同技能和目标,提供个性化的练习和挑战,帮助学生持续改进。AI可以提供实时反馈和指导。在虚拟训练环境中,AI可以监测学生的动作和姿势,立即提供反馈,帮助他们纠正错误。这种即时的指导可以加速技能的提高,并帮助学生建立正确的运动习惯。VR技术可以创造沉浸式的虚拟环境。学生可以穿上VR头盔,进入虚拟体育场馆或比赛场地,与虚拟对手互动,模拟实际比赛情景。这种沉浸式体验可以增加学生的参与度和专注力,让他们更好地体验体育运动。AI和VR还可以模拟复杂的比赛策略和战术。学生可以在虚拟环境中练习战术决策,模拟比赛中的各种情境,从而提高他们的比赛智慧和决策能力。结合人工智能和虚拟现实技术可以为体育教育提供更丰富、更沉浸式的学习体验。学生可以通过个性化的虚拟训练计划、实时反馈、沉浸式环境和战术模拟来提高技能水平和比赛智慧,从而更好地准备自己在体育领域取得成功。

第五章　学科融合与跨界合作

第一节　体育与其他学科的融合发展

体育与其他学科的融合发展是一种多领域的交叉合作，它不仅丰富了体育领域的知识和实践，也为其他学科带来了新的视角和应用。这种融合对于促进综合性学习、提高综合素质以及解决社会问题都具有积极意义。体育与生物学的融合加深了对运动生理学和健康科学的理解。生物学的知识帮助解析运动过程中的身体反应和生理机制，有助于优化运动训练和康复计划。这对于运动员的表现和健康至关重要。体育与心理学的结合有助于研究运动心理学和竞技心理学。心理学的理论和技巧可以应用于提高运动员的表现、管理比赛压力以及改善团队合作。运动也被用作研究心理健康和幸福感的手段。体育与教育学的融合支持了体育教育的发展。教育学的原理可以应用于体育教学，帮助教师更好地传授体育技能和价值观。体育课程也有助于学生综合素质的培养，包括领导能力、团队合作和社交技能。体育与社会学的结合有助于研究体育在社会中的作用和影响。这包括了体育与文化、社会问题、性别平等和种族关系等方面的互动。研究体育与社会的关系有助于促进社会公平和多元化。体育与其他学科的融合发展不仅拓宽了体育领域的研究和实践，还为其他学科提供了新的应用领域。这种跨学科合作有助于深化对运动和身体的理解，促进了综合性学习和社会问题的解决。体育不再被孤立看待，而是与其他学科共同推动了知识和社会的发展。

一、体育与科学学科的融合

体育与科学学科的融合代表了一种交叉领域的合作，它在许多层面上丰富了体育领域并推动了科学的进步。这种融合不仅拓展了对身体活动和运动的理解，还为运动员、教练和医疗专业人员提供了更深入的知识和工具。生物学和医学为体育科学提供了基础。研究人员通过生理学和解剖学的知识，可以深入探讨运动对身体的影响，包括肌肉、骨骼和心血管系统。这有助于运动员优化训练计划，预防运动伤害，并提高表现。心理学在运动心理学领域的应用有助于理解和改善运动员的心理状态和表现。运动心理学家可以协助运动员管理比赛压力、提高自信心，以及改进焦虑和情绪问题。工程学和技术为体育科学提供了先进的工具和设备，如运动追踪器、生物力学分析系统和虚拟现实技术。这些技术可以用于运动技能分析、训练改进和性能优化。数据科学和统计学为体育分析和预测提供了强大的工具。运动数据分析可以揭示比赛和运动员的模式和趋势，为决策提供支持。体育与科学学科的融合丰富了我们对运动和身体的理解，为运动员提供了更好的支持和指导，推动了体育领域的创新和发展。这种合作为科学家和体育从业者提供了共同的研究领域，有助于解决健康和表现方面的重要问题。

（一）运动生物学

体育与生物学的融合涉及多个学科领域，其中身体运动、运动生理学和营养学之间的关系尤为重要。身体运动是一种生物学过程，它涉及到肌肉、骨骼、心血管系统和神经系统的复杂协调。运动生理学研究了运动对身体的生理影响，包括心脏功能、呼吸、血液供应等方面的变化。而营养学则关注食物如何影响运动表现和身体健康。这三个领域的融合对于运动员的健康和表现至关重要。运动需要能量，而营养学为运动员提供了维持体能和恢复的营养物质。运动生理学研究了运动如何改变身体的生理状态，包括肌肉生长、有氧能力的提高等。身体运动也可以通过运动来改善心血管健康、控制体重、增强骨骼健康等。

这种融合还有助于优化运动训练和改进运动表现。科学家和教练可以利用运动生理学的知识来设计个性化的训练计划，根据运动员的生理特点来调整营养摄入，以最大限度地提高运动表现。对运动中的身体反应的深入理解有助于预防运动受伤和提高康复效果。体育与生物学的融合为我们更好地理解身体运动、运动生理学和营养学之间的关系提供了框架。这种融合有助于优化运动训练和改进运动表现，同时也促进了对健康和生活质量的理解。

（二）运动物理学

体育与物理学之间存在深刻的关联，因为物理学为我们解释运动和运动器材设计提供了基础。运动中的力学是体育与物理学关联的核心。力学研究物体的运动、受力和运动的原因。在体育中，了解力学原理对于理解运动员的动作和提高技能至关重要。例如，理解牛顿的三大定律有助于解释为什么击球手能够将棒球击出球场，以及如何最大化投掷距离或跳远距离。运动器材的设计也依赖于力学原理，以确保其能够提供最佳的性能和安全性。物理学帮助我们理解运动物体的运动规律。运动物体的速度、加速度、位移和轨迹可以通过物理学的公式和原理进行计算和预测。这对于教练和运动员来说是至关重要的，因为他们可以根据这些规律来制定战术、优化技能和提高竞技表现。例如，了解投射物体的抛物线运动规律可以帮助篮球运动员更准确地投篮。运动中的能量转化也与物理学有关。了解动能、势能和机械功的概念有助于运动员更有效地利用能量，提高运动表现。这也涉及到体育中的许多方面，如击打、跳跃和推动。

运动器材的设计和优化也依赖于物理学原理。例如，高尔夫球杆、滑雪板、自行车和跑鞋的设计都考虑了物理学中的空气阻力、摩擦力、材料强度等因素。通过应用物理学原理，可以制造出更高性能和更安全的运动器材。体育与物理学之间的关联是不可分割的，物理学为我们提供解释和优化运动的基础，从而促进了体育运动的发展和提高。通过运用物理学原理，我们可以更好地理解运动的本质，并为运动员提供更好的培训和装备。

（三）运动心理学

体育与心理学的结合在提高运动员的综合素质和竞技表现方面具有重要意义。心理学在体育领域的应用涵盖了多个方面，包括运动员的心理健康、自我调节和比赛心态。心理健康对于运动员的表现至关重要。心理健康问题如焦虑、压力和抑郁可以对运动员的表现产生负面影响。心理学家通过提供心理治疗和咨询服务，帮助运动员管理情绪和应对压力，从而维护他们的心理健康。自我调节是成功的关键。运动员需要学会控制自己的情绪和焦虑，以在比赛中表现出最佳水平。心理学家可以教授运动员冷静自信的技巧，提高他们的自我调节能力，使他们能够应对紧张的比赛局面。

比赛心态是运动员成功的关键因素之一。心理学家可以帮助运动员培养积极的比赛心态，提高自信心和集中注意力的能力。通过心理训练，运动员可以更好地处理比赛中的压力，充分发挥潜力。体育与心理学的结合对于提高运动员的心理健康、自我调节和比赛心态至关重要。心理学家在体育领域的应用可以帮助运动员克服心理障碍，提高综合素质，从而在比赛中取得更好的成绩。这种综合的运动心理支持有助于运动员在竞技体育中取得成功。

二、体育与教育学科的融合

体育与教育学科的融合在教育领域中具有重要意义。这种融合不仅能够提升体育教育的质量，还能够培养学生的综合素质和人际关系技能。体育与教育学科的融合可以促进学生的身体健康和体育素养。通过结合教育学的教学方法和体育训练的技能，学生可以在体育课堂中获得更多的锻炼机会，并学会如何保持身体健康。融合可以提供跨学科的学习机会。学生可以在体育中学习到数学、科学、社会科学等不同学科的知识，培养综合素质和解决问题的能力。这种跨学科的学习有助于学生更好地理解知识的应用和实际意义。体育教育也可以培养学生的团队合作和领导能力。通过参与团队体育活动，学生可以学会如何与他人合作、协调行动，并在竞技中发挥领导潜力。

体育与教育学科的融合可以培养学生的价值观和道德观。体育教育强调公平竞争、尊重他人和纪律，这些价值观对学生的成长和社会责任感都具有重要影响。体育与教育学科的融合不仅有益于学生的身体健康和综合素质，还有助于他们培养跨学科的学习能力、团队合作能力和价值观。这种融合为教育提供了更多元化、全面化的教育模式，有助于培养未来社会的全面人才。

（一）教育心理学与体育

教育心理学原理在体育教学中起着关键作用，可以帮助提高教学效果，尤其是在学习动机和认知发展方面。激发学习动机是成功教育的基础。教育心理学的原理强调了激发学生内在兴趣和目标的重要性。在体育教学中，教师可以通过提供有趣和有挑战性的活动来激发学生对体育的兴趣，同时也应该注重奖励和认可，以增强学生的自我动力。认知发展是教育的核心。教育心理学原理强调了个体差异和发展阶段对学习的影响。在体育教学中，教师应考虑学生的认知水平和发展阶段,调整教学方法和内容。例如,针对不同年龄段的学生,教学材料和难度可以有所调整,以确保学习是适度挑战的。教育心理学原理还强调了个性化教育的重要性。教师应了解每个学生的学习风格和需求,以便提供个性化的支持和指导。这可以通过不同的教学策略、评估方法和反馈来实现,以满足学生的独特需求。教育心理学原理为体育教学提供了重要的指导原则,包括激发学习动机、考虑认知发展和个性化教育。这些原理有助于提高教育的效果,使学生更好地参与和获得成功的体育教育经验。

(二)教育技术与体育

体育与教育技术的整合是现代教育领域的一个重要趋势,它为学生和教育者提供了丰富的学习体验和更有效的教育方法。在线学习已经成为教育的一个重要组成部分。在体育领域,学生可以通过在线课程和教育平台来学习运动技能、规则和战术,无论他们身在何处。这为学生提供了更大的灵活性,允许他们按照自己的节奏学习,并克服地理位置和时间限制。虚拟实验是体育教育的一种重要工具。学生可以使用虚拟现实技术来模拟不同的体育场景,如足球比赛、篮球比赛或高尔夫球场,以提供更真实的练习机会。这种虚拟实验有助于学生改进技能、增强情境感知和战术选择能力。

多媒体资源丰富了体育教育的内容。教育者可以使用视频、图像和音频来传达运动技巧、战术策略和健康知识。这种多媒体内容使教育更生动、吸引人,并有助于学生更好地理解和记忆重要信息。教育技术也为个性化学习提供了机会。学生可以根据自己的兴趣和水平选择适合的学习资源和工具。这种个性化学习有助于满足不同学生的需求,并提供更高效的学习体验。在线社交平台和讨论论坛为学生提供了交流和合作的机会。学生可以与同学和教育者互动,分享经验和见解,从而建立更强的学习社区和团队合作精神。体育与教育技术的整合丰富了体育教育资源,提供了更多的学习机会和创新的教育方法。这一整合有助于提高学生的学习效果、增强他们的技能和知识,并为未来的体育教育提供了无限的潜力。

(三)课程开发与体育

跨学科的课程设计是一项重要的任务,可以将体育与其他学科整合,提供综合性教育。明确学习目标和关联学科。确定课程的主要学习目标，并明确与其他学科之间的关联。例如，可以将体育与数学整合，通过测量运动员的成绩来教授测量和数据分析技巧。或者可以将体育与生物学整合，讨论运动对身体的生理影响。选择合适的教材和资源。为了支持跨学科教学，教师需要选择适合课程目标的教材和资源。这可能包括教科书、在线课程、模拟软件等。确保这些资源能够涵盖体育和其他学科的内容。设计跨学科的课程活动。课程活动应该涵盖体育技能培养和其他学科的内容。例如，可以组织运动比赛，同时引入数学概念，让学生测量和分析比赛数据。或者可以组织科学实验，研究运动对身体的生理影响。鼓励学生合作和讨论。跨学科课程设计应该促进学生之间的合作和讨论。这可以通过小组项目、班级讨论或合作解决问题的方式实现。学生可以分享他们的知识和经验，从而更全面地理解跨学科主题。评估学生的综合能力。为了确保学生在多个学科领域都有所收获，评估应该涵盖体育和其他学科的内容。可以使用各种评估工具，包括测试、项目作业、口头演示等，来评估学生的知识和技能。设计跨学科的课程需要明确学习目标，选择适当的教材和资源，设计多样化的课程活动，鼓励学生合作和讨论，以及综合评估学生的能力。这样的课程有助于提供综合性的教育，培养学生的综合素质。

（四）学生评估与反馈

利用教育学科的评估方法来评估学生在体育领域的综合表现是为了确保全面的学习成果和提供有针对性的反馈。教育学科的评估方法可以包括定期的标准化测试，以测量学生的基本体育知识和技能水平。这些测试可以帮助教师了解学生的基础，发现潜在的弱点。课堂观察是评估学生体育表现的重要方法之一。教师可以观察学生在体育活动中的表现，包括技能运用、团队合作和体育素养等方面。这种实时观察有助于了解学生的实际能力和表现。项目作业和课程项目也可以用于评估学生的体育综合表现。这些项目可以要求学生应用他们在课堂上学到的知识和技能，解决实际问题或完成特定任务。通过项目作业，教师可以评估学生的创造性、解决问题的能力和综合运用知识的能力。

学生自我评估和同伴评估也是评估体育综合表现的有用工具。学生可以通过自我评估来反思自己的表现，识别自己的优点和改进的方面。同伴评估可以促进合作和团队合作，帮助学生学会如何评价他人的表现。利用教育学科的评估方法来评估学生在体育领域的表现可以提供全面的反馈和指导。这种多样化的评估方法有助于教师更好地了解学生的强项和需改进的领域，从而支持他们在体育教育中的全面发展。

三、体育与社会学科的融合

体育与科学学科的融合代表了一种交叉领域的合作，它在许多层面上丰富了体育领域并推动了科学的进步。这种融合不仅拓展了对身体活动和运动的理解，还为运动员、教练和医疗专业人员提供了更深入的知识和工具。生物学和医学为体育科学提供了基础。研究人员通过生理学和解剖学的知识，可以深入探讨运动对身体的影响，包括肌肉、骨骼和心血管系统。这有助于运动员优化训练计划，预防运动伤害，并提高表现。

心理学在运动心理学领域的应用有助于理解和改善运动员的心理状态和表现。运动心理学家可以协助运动员管理比赛压力、提高自信心，以及改进焦虑和情绪问题。工程学和技术为体育科学提供了先进的工具和设备，如运动追踪器、生物力学分析系统和虚拟现实技术。这些技术可以用于运动技能分析、训练改进和性能优化。数据科学和统计学为体育分析和预测提供了强大的工具。运动数据分析可以揭示比赛和运动员的模式和趋势，为决策提供支持。体育与科学学科的融合丰富了我们对运动和身体的理解，为运动员提供了更好的支持和指导，推动了体育领域的创新和发展。这种合作为科学家和体育从业者提供了共同的研究领域，有助于解决健康和表现方面的重要问题。

（一）体育与文化研究

体育与不同文化、价值观和社会背景之间存在密切的关系，体育在社会中的作用和文化传承方面发挥着重要作用。不同文化背景下的体育体验和体育价值观存在差异。不同文化对于体育的看法和重要性各不相同。例如，一些文化中的体育可能更加强调竞争和胜利，而另一些文化可能更注重体育作为社交和团队合作的手段。这种差异反映了文化和价值观在体育中的影响。体育在不同社会背景下扮演了不同的社会角色。体育可以作为社会凝聚力的象征，团结人们跨越文化差异，共同庆祝体育事件。体育也可以作为社会变革的催化剂，促进社会平等和公平竞争的价值观。体育在文化传承方面具有重要作用。许多社会和文化背景中，体育是一种传统和文化的一部分，代表着特定的价值观和历史传统。通过体育，人们可以传承文化遗产，弘扬民族精神，并保持文化身份的连续性。体育与文化、价值观和社会背景之间存在着复杂而深刻的关系。体育不仅是一种身体活动，更是文化交流、社会凝聚和文化传承的载体。理解和尊重不同文化和社会背景下的体育观念和价值观对于促进文化多样性和社会和谐至关重要。

（二）健康与体育

体育与健康科学的融合对于我们理解运动对身体健康和心理健康的影响至关重要。体育锻炼对身体健康有着显著的积极影响。适度的体育活动有助于维持健康的体重、促进心血管健康、提高免疫系统功能以及降低患慢性疾病的风险。健康科学研究已经证明，体育锻炼可以减轻高血压、糖尿病、肥胖和其他健康问题的症状。体育活动对心理健康也具有积极影响。锻炼可以释放多巴胺和内啡肽等大脑化学物质，提升情绪，减轻压力和焦虑，改善睡眠质量，增强自尊心和自信心。这些心理健康益处对于缓解抑郁症、焦虑症和其他心理健康问题非常重要。体育与健康科学的融合还关注了运动的安全性和适应性。通过科学的方法，可以制定安全的锻炼计划，考虑到个体的健康状况、年龄和运动目标。这有助于避免运动损伤，并确保人们能够获得最大的益处。研究体育与健康科学的交叉点还为制定政策和指导性建议提供了依据。体育与健康科学的融合有助于我们更全面地理解运动对身体健康和心理健康的影响。这一融合为促进健康生活方式的推广、减少慢性疾病的发病率以及提高生活质量提供了坚实的科学基础。

（三）社会体育学

社会学与体育的交叉领域是一个富有深度和广度的领域，涵盖了体育组织、运动行业和体育政策研究等多个方面。这个领域旨在理解体育对社会的影响，以及社会对体育的塑造作用。体育组织是社会学与体育交叉领域的重要组成部分。社会学家研究体育组织的结构、运作和文化，以深入了解体育界的内部机制。他们关注体育组织内的权力关系、领导结构和社会互动，从而揭示了体育组织的运行方式和影响因素。运动行业也是一个重要的研究领域。社会学家关注运动行业的商业模式、市场力量和经济影响。他们研究体育明星的形象塑造、赞助商关系和广告营销,以及运动行业对社会文化的塑造。体育政策研究也是社会学与体育交叉领域的一个重要分支。研究体育政策的学者探讨政府和非政府组织在体育领域的干预和影响,以及政策对社会公平、健康和教育的影响。他们关注体育政策的制定、实施和评估,以推动社会中的体育发展和变革。

社会学与体育的交叉领域为我们提供了深刻的洞察力,使我们能够更好地理解体育与社会之间的互动关系。它不仅有助于学术研究,还为体育政策制定者、体育组织和运动行业提供了有价值的信息,以更好地满足社会的需求和期望。这个领域的研究有望继续拓展我们对体育与社会关系的认识,为体育的可持续发展做出贡献。

第二节 体育与艺术的跨界合作

体育与艺术的跨界合作是一种有趣而富有创意的交叉领域合作,它将两者的独特特质相互融合,创造了新的艺术形式和体育表现方式。这种合作不仅丰富了文化生活,还为观众和运动员带来了全新的体验。体育与舞蹈的融合展现了身体的美学和动态性。例如,体育演员与舞者可以共同创作表演,将体育动作与舞蹈元素相结合,呈现出独特的艺术形式。这种合作不仅丰富了舞蹈表演,还为体育赛事增添了视觉和情感吸引力。体育与视觉艺术的结合产生了令人印象深刻的艺术作品。运动场景可以成为摄影、绘画和雕塑的灵感来源。艺术家通过捕捉运动员的动作和情感,创作出反映体育精神的作品,这些作品不仅记录了历史时刻,还赋予了运动更深层次的文化意义。音乐与体育的结合在体育赛事中广泛应用。音乐可以提供赛事的背景音乐,营造氛围和情感共鸣。音乐和舞蹈表演也常与体育赛事相结合,为观众带来视听的双重享受。体育与戏剧的融合也在剧场领域中有所体现。剧院演员和运动员可以共同创作表演,将戏剧情节与体育场景相结合,创造出生动的故事情节和精彩的体育动作。体育与艺术的跨界合作丰富了文化生活,创造了新的艺术形式和体育表现方式。这种合作将不同领域的创造力和表现力相互融合，为观众和参与者带来了独特的文化体验和艺术感受。这种融合不仅推动了文化产业的发展，还丰富了人们对体育和艺术的理解。体育与艺术的跨界合作是一种有趣而富有创意的结合，可以推动两个领域的发展，提供新的教育和娱乐机会。

一、体育与艺术的跨界合作的基本原理和形式

体育与艺术的跨界合作基于创意、表达和身体运动的结合，有多种基本原理和形式。身体表达是跨界合作的核心。运动员的身体动作和表演成为艺术创作的一部分，通过独特的运动技能和表演艺术将运动场景变成了艺术作品。音乐和声音的结合常见于跨界合作中。音乐可以为体育表演提供背景音乐，强化情感和节奏。体育和舞蹈表演也常伴随音乐演出，创造出视听的双重享受。

视觉艺术如绘画、摄影和雕塑可以捕捉运动中的瞬间，将其转化为艺术品。艺术家通过捕捉运动员的动作、情感和姿态，创作出反映运动精神的作品。戏剧和舞蹈常与体育赛事相结合，将戏剧情节和舞蹈元素融入体育表演中，创造出令人印象深刻的演出。体育与艺术的跨界合作基于创造性的表达和身体动作的结合，有多种形式，包括身体表达、音乐、视觉艺术、戏剧和舞蹈。这种合作将体育与艺术融为一体，创造出独特而令人印象深刻的文化体验。

（一）艺术与体育融合

艺术与体育领域存在多个交叉点，这些交叉点在舞蹈、体育表演和体育文化等方面体现得尤为明显。在舞蹈方面，艺术与体育的融合可以通过舞蹈表演来实现。舞蹈可以作为一种身体表达形式，将艺术与体育元素相结合。舞蹈表演可以融入体育动作、节奏和协调，展现出艺术与体育的完美结合。例如，体育赛事的开幕式和闭幕式通常包括精彩的舞蹈表演，将运动和艺术元素相融合。体育表演也是艺术与体育的交叉点之一。一些运动员通过表演和创意动作来展示他们的技能，这被认为是一种体育艺术。例如，滑板运动员的特技表演、花样滑冰选手的优美表演以及体操运动员的激动人心的例行动作都包含了艺术性的因素。

体育文化也涉及艺术与体育的融合。体育比赛和运动在各个文化中都有

其独特的艺术和表现形式。例如，武术与中国文化深刻相融，体育赛事在不同国家和地区也呈现出各种不同的文化元素。这些体育文化的表现形式常常与艺术、音乐和舞蹈等领域相互交织，共同塑造了文化的多样性。艺术与体育领域在舞蹈、体育表演和体育文化等方面存在着紧密的交叉点。这种融合不仅丰富了体育和艺术的表现形式，也促进了文化的多样性和创新。艺术与体育的结合为人们提供了独特的视觉和感官体验，丰富了人们的生活。

（二）艺术创作与体育灵感

艺术和体育之间存在着深刻的互动和相互启发，这一关系在各个历史时期都有所体现。运动员的身体表现和动态姿势经常成为艺术家的灵感之源。运动员的力量、速度、协调和优雅的动作可以被艺术家们转化为绘画、雕塑和舞蹈等不同形式的艺术作品。例如，古希腊雕塑中的雄壮肌肉和优美的线条，部分受到了古代奥林匹克运动会的启发。体育赛事和竞技场景常常被艺术家用来表现战胜困难、竞争激烈和胜利的主题。绘画、摄影和电影等艺术形式可以捕捉到运动赛事中的紧张氛围和情感高潮，将观众带入体育比赛的现场体验。艺术家还可以通过运动来反映社会和文化。体育运动在不同国家和文化中都具有重要的地位，它们反映了社会价值观、文化传统和民族特性。艺术家可以运用艺术表现手法来探讨体育与社会、政治和文化之间的联系，从而启发观众对这些议题的思考。体育主题的艺术作品也可以传达有关个体和集体努力、毅力和团队合作的信息。这些作品可以激发观众的鼓舞和动力，鼓励他们在生活中追求卓越、挑战自我。艺术和体育之间的相互影响是多样化和丰富的。艺术家受到体育运动和运动员的启发，不仅创作了许多精彩的作品，还将体育的精神和价值观传递给观众，为我们的文化世界增添了更多的维度。

（三）教育和社区项目

跨界合作在教育和社区项目中的应用是一种有益的方式，可以丰富学生的学习经验，促进社区的互动和合作。学校体育赛事的艺术表演和社区庆祝活动是两个典型的示例，展示了这种合作的潜力。学校体育赛事的艺术表演为学生提供了一个展示自己创造性才华的机会。跨界合作可以将体育与表演艺术（如音乐、舞蹈和戏剧）相结合，创造出独特的体验。例如，在篮球比赛中，学生可以进行精彩的半场休息表演，展示音乐和舞蹈的才能。这不仅为学生提供了表演的机会，还增加了比赛的娱乐性和吸引力，吸引更多观众。社区庆祝活动是另一个领域，可以通过跨界合作来丰富。例如，当地社区可能会举办体育锦标赛后的庆祝活动，其中包括音乐演出、艺术展览和美食节。这种合作可以促进社区成员之间的联系，并为庆祝活动增添多样性和趣味性。同时，这种跨界合作也有助于推广文化和艺术活动，为社区带来更多的文化体验。跨界合作在教育和社区项目中的应用可以为学生和社区成员提供更丰富的体验，促进不同领域之间的交流和合作。通过将体育、艺术和社区活动相结合，我们可以创造更具吸引力和多元化的活动，加强社区凝聚力，丰富文化生活，为社会创造更多的机会和价值。这种合作方式有助于建立更加综合和多元的教育和社区环境。

二、体育与艺术跨界合作的影响和潜力

体育与艺术跨界合作具有广泛的影响和潜力。这种融合不仅可以为运动和艺术领域带来新的创意和表现方式，还可以影响社会文化和个体发展。体育与艺术的跨界合作可以创造独特的娱乐体验。例如，体育赛事中的精彩表演和开幕式常常融入了音乐、舞蹈和视觉艺术元素，增强了观众的参与感和情感共鸣。这种综合性的表演吸引了更广泛的观众，促进了体育和艺术的交流。跨界合作可以激发创新和艺术表达。运动员和艺术家之间的合作可以产生独特的作品和表演，推动了各自领域的发展。例如，舞蹈与体操的融合、跆拳道与舞蹈的结合等都展示了艺术和体育的创意交汇。跨界合作也具有教育和社会意义。它可以鼓励年轻人在体育和艺术之间寻找新的兴趣和激情，促进身体素质和创造力的综合发展。跨界合作还可以传递价值观念，如团队合作、自我表达和追求卓越，这对个体成长和社会互动都具有积极影响。体育与艺术的跨界合作丰富了文化生活，拓宽了创意领域，激发了创新和教育潜力。它强调了不同领域之间的联系，为社会和个体带来了丰富的体验和机会。这种跨界合作的影响和潜力将在未来继续发挥作用，为文化和创意领域带来更多的发展机会。

(一)跨界合作的教育效益

跨界合作在提供教育机会、鼓励创造性思维和多元化的表达方式方面发挥着重要作用。跨界合作将不同学科、领域和专业领域的知识和经验汇集在一起,为学生提供了更丰富、更全面的教育资源。通过将多个领域的专业知识融合在一起,学生可以接触到更多的学科,激发他们的兴趣,培养跨学科思维。跨界合作鼓励创造性思维。不同领域的专业知识和观点的交流促进了创新和创造性思考。学生有机会将不同领域的想法融合在一起,产生新的思考方式和解决问题的方法。这有助于培养学生的创造性思维能力,使他们更具创新性。跨界合作也鼓励多元化的表达方式。学生可以通过不同的媒体、形式和方法来表达他们的想法和理念。这包括书面作品、艺术表现、多媒体展示等。跨界合作提供了展示多元化表达方式的机会,使学生能够选择最适合他们的方式来表达自己的观点和创意。跨界合作为提供教育机会、鼓励创造性思维和多元化表达方式提供了有力支持。它将不同领域的知识和经验整合在一起,促进了跨学科思维和创新。跨界合作还鼓励学生尝试不同的表达方式,培养了他们的多样性和创造性。这种综合性的教育方法有助于学生更全面地发展自己的潜力。

(二)社会影响

跨界合作是一种有助于促进社会交流、理解和多元文化融合的重要方式。通过不同领域、文化、学科和行业之间的合作,跨界合作创造了一个交汇点,为不同社会成员提供了相互学习和交流的机会,跨界合作打破了传统界限,促进了不同领域之间的知识分享和交流。各种领域的专业知识和技能可以相互补充,产生创新性的解决方案。例如,科学家与艺术家的合作可以促进科学概念的可视化呈现,增进大众对科学的理解。跨界合作有助于不同文化之间的交流和理解。当来自不同文化背景的个体或团体协同工作时,他们不仅能够分享自己的文化特色,还能够学习和尊重其他文化的差异。这有助于减少跨文化误解和冲突,促进了文化多样性的融合。

跨界合作为多元文化的融合创造了机会。通过共同创造和交流,不同文化的元素可以相互融合,创造出新的文化体验和表达方式。这有助于社会更好地理解和欣赏多元文化,推动了文化的创新和发展。跨界合作也有助于解决复杂的社会问题。当不同领域的专家、社会活动家和政策制定者合作解决社会挑战时,他们可以提供多层次、多视角的解决方案,更好地满足社会需求。跨界合作作为一种推动社会交流、理解和多元文化融合的机制,为我们的社会带来了许多积极影响。通过不同领域和文化之间的合作,我们可以更好地应对当今复杂的社会挑战,促进了社会的进步和发展。

(三)未来潜力和创新

体育与艺术跨界合作的未来发展方向将受到数字技术的广泛应用和虚拟现实体验的深化影响。这些趋势将进一步丰富合作的可能性,提供更多创新和互动性。数字技术的应用将为体育与艺术跨界合作带来全新的维度。例如,通过虚拟现实和增强现实技术,观众可以参与到体育比赛或艺术表演中,亲身体验其中的乐趣。这种沉浸式体验可以提高观众的参与度和情感投入,为合作带来更多创意的可能性。同时,数字媒体和社交媒体也可以用于将体育和艺术活动传播到全球范围,扩大其影响力。虚拟现实体验将成为体育与艺术跨界合作的重要组成部分。例如,运动员可以使用虚拟现实技术进行模拟训练,改善其技能和决策能力。艺术家可以创作虚拟艺术作品,与观众分享身临其境的创作体验。这种跨界合作不仅为体育和艺术领域的专业人士提供了新的工具和平台,也为观众带来了更加丰富多彩的体验。未来体育与艺术跨界合作将更加注重数字化、互动性和沉浸式体验。这将为创作者、表演者、观众和运动员提供更多机会,激发创新,拓宽合作领域,丰富文化生活,推动艺术和体育的融合,为未来的教育和社区项目带来更多可能性。这种合作方式有助于创造更具创意和多样性的文化体验,推动体育与艺术之间的互动和交流,促进社会的进步与发展。

第三节 体育与科技的联动创新

体育与科技的联动创新是一场革命性的合作,它将体育与现代科技融合,推动了体育领域的进步。传感器、虚拟现实、数据分析等技术为运动员和教练提供了前所未有的工具,用于改进技能、提高表现、防止伤害,并增加竞争优势。这种融合还改变了比赛观赏性,提供更多的数据和沉浸式体验,使粉丝更加亲近体育。体育与科技的联动创新不仅拓宽了竞技水平，还提高了参与度和娱乐性，为体育迷和运动员创造了更加令人兴奋的未来。体育与科技的联动创新已经成为现代体育领域的一个重要趋势，为运动员、教练员和观众提供了更多的机会和体验。

一、体育与科技的联动创新的基本原理和应用

基本原理是将现代科技应用于体育领域，以提高运动表现、安全性和观赏性。这包括运用传感器技术来监测运动员的生理数据，如心率、速度和力量，以便进行实时分析和改进训练。虚拟现实技术可用于模拟不同训练场景和比赛环境，帮助运动员更好地应对各种情况。数据分析和人工智能可以揭示运动数据中的模式和趋势，为战术决策提供支持。应用领域广泛，包括运动训练、竞赛监管和观众互动。在运动训练中，运动员可以通过智能设备和应用程序来跟踪自己的表现和进步，优化训练计划。在竞赛监管中，科技可以用于判定比赛成绩、监测运动员是否违反规则以及提高比赛公平性。观众可以通过虚拟现实和增强现实体验更加沉浸式的比赛观看，与运动员互动，了解比赛数据和统计信息。体育与科技的联动创新是一种推动体育领域不断发展的趋势，基于科技的原理和应用广泛应用于运动训练、竞赛监管和观众互动等多个领域，为提高运动表现、安全性和娱乐性提供了有力支持。这种合作为体育领域注入了新的活力和可能性。

（一）运动技术和装备创新

科技在运动装备、器材和技术上的应用已经带来了革命性的变化，提高了运动员的表现和体验。智能球是一项重要的创新。智能球配备了传感器和无线通信技术，能够实时监测球的运动轨迹、旋转速度和速度等数据。这种信息对于足球、篮球和网球等运动的分析和培训至关重要。运动传感器的应用也广泛存在。这些传感器可以安装在运动员的身体或装备上，用于收集运动数据，如心率、步数、加速度等。这种数据不仅可以帮助运动员监测他们的身体状况，还可以为教练提供有用的信息，以改进培训计划和技术。运动数据分析工具已经成为体育科学的重要组成部分。这些工具可以处理大量的运动数据，帮助教练和运动员分析比赛和训练中的趋势和模式。它们可以提

供有关策略、战术和技术的洞察，有助于优化决策和提高表现。科技在运动领域的应用已经带来了巨大的变革，使运动员能够更好地理解和改进他们的表现。这些创新不仅提高了竞技体育的水平，还促进了运动科学的发展，为运动员和教练提供了更多的工具和资源来实现卓越。

（二）数字媒体和体育传播

科技的迅速发展已经彻底改变了体育传播方式，带来了更丰富、更互动、更具娱乐性的体育观赛体验。高清电视技术使观众能够更清晰地观看比赛。高清电视的普及提高了图像质量，让观众能够更好地欣赏比赛的细节和动作。这种改进的图像质量为观众提供了更逼真的观赛体验，增强了他们的参与感。实时数据更新已经成为体育传播的重要组成部分。观众可以通过电视、互联网或移动应用获取到比赛的实时统计数据、得分情况和队伍表现等信息。这不仅提供了更多的背景信息，还允许观众更深入地了解比赛进程，从而更好地投入到比赛中。

虚拟现实（VR）和增强现实（AR）技术也为体育传播带来了革命性的变化。观众可以通过VR头盔或AR应用来沉浸式地观看比赛，仿佛身临其境。这种技术还可以提供独特的视角和交互体验，例如在比赛中切换观看角度或与虚拟球员互动。社交媒体的普及也改变了体育传播的动态。观众可以在比赛过程中使用社交媒体平台与其他球迷互动、讨论比赛，并分享自己的观点和评论。这种互动性不仅增强了球迷之间的联系，还为体育传播增加了一层社交性和参与度。科技的不断创新已经深刻地改变了体育传播方式。高清电视、实时数据、虚拟现实以及社交媒体等技术的应用为观众提供了更多元化、互动性更强的体育观赛体验，使体育传播更加丰富和吸引人。这些技术的发展预示着体育传播将继续向更高水平发展。

（三）运动医学和康复科技

科技在运动医学和康复领域的应用正日益重要，为运动员的健康和康复提供了全新的可能性。其中，远程医疗诊断和康复辅助设备发挥了关键作用。远程医疗诊断利用先进的通信技术，医生可以远程监测运动员的健康状况。这包括使用传感器和生物监测设备来实时测量运动员的生理参数，如心率、血压、体温等。医生可以通过互联网远程访问这些数据，及时发现潜在的健康问题，为运动员提供及时的医疗干预。这种方法不仅有助于预防运动伤害，还可以提高康复效果，保障运动员的安全和健康。

康复辅助设备的应用也取得了显著进展。运动员在康复过程中可以使用虚拟现实设备进行康复训练，模拟各种场景来加速康复过程。例如，一个受伤的运动员可以使用虚拟现实头盔进行平衡和协调性的训练，以帮助他们恢复正常运动功能。智能康复设备还可以监测运动员的康复进展，为康复专家提供数据支持，以便调整康复计划。科技在运动医学和康复领域的应用已经改变了对待运动伤害和康复的方式。远程医疗诊断和康复辅助设备为运动员提供了更好的医疗保障和康复支持，帮助他们更快地恢复健康，重返赛场。这些技术的不断发展将进一步提升运动医学和康复领域的效率和效果，为运动员的健康和表现带来更大的保障。

二、体育与科技联动创新的基本原理和技术

体育与科技的联动创新基于多种基本原理和技术，这些原理和技术相互交织，共同推动了体育领域的发展。传感技术是基础。传感器和装备可以监测运动员的生理参数、运动数据和环境条件，如心率、速度、力量、温度等。这些数据可以实时传输到计算机系统，进行分析和反馈，帮助运动员和教练员更好地理解和改善运动技能。虚拟现实（VR）和增强现实（AR）技术为体育提供了新的训练和比赛体验。运动员可以通过头戴式设备进入虚拟训练场景，模拟不同的比赛情境。AR技术则可以将实时信息叠加在现实世界中，提供即时的战术指导和反馈。数据分析和人工智能（AI）是关键。大数据分析可以挖掘出运动数据中的模式和趋势，为决策制定提供支持。AI系统可以自动分析比赛录像，识别战术、技能和战术策略，为教练员和运动员提供更深入的见解。

生物力学和仿真技术也发挥了重要作用。生物力学可以分析和优化运动员的动作和姿势，提供改进的建议。仿真技术可以模拟比赛和训练环境，帮助运动员准备各种情境。云计算和物联网（IOT）连接了设备和数据。云存储可以保存大量的运动数据和视频资料，随时随地访问。物联网设备可以实现设备之间的互联互通，使信息更流畅地传输和共享。这些基本原理和技术的融合使体育领域得以不断创新和发展。运动员、教练员和体育科学家可以

更精确地分析和改进运动技能，提高竞技水平。同时，观众也能够享受到更丰富、更沉浸式的体育体验。体育与科技的联动创新将继续推动体育领域的进步。

（一）运动监测与分析技术

运动员的生物传感器、运动数据采集和运动分析软件等技术已经成为现代体育领域不可或缺的工具。生物传感器用于监测运动员的身体生理指标，如心率、血压、体温等。这些传感器可以实时收集数据，帮助运动员和教练了解运动员的身体状态，以及在比赛和训练中的生理变化。这对于优化训练计划和防止过度训练至关重要。运动数据采集技术用于收集各种运动数据，包括运动员的位置、速度、加速度、力量等。这些数据可以通过传感器、摄像头和GPS等设备收集。运动数据采集有助于分析运动员的运动技术和战术，提供了洞察，可用于改进训练和比赛策略。运动分析软件是一种重要工具，用于处理和解释大量的运动数据。这些软件可以将数据可视化，创建运动轨迹图、力量曲线和速度图等，以帮助运动员和教练更好地理解运动过程。运动分析软件还可以进行比赛录像回放，以便详细研究运动员的技术和决策。生物传感器、运动数据采集和运动分析软件等技术已经成为现代体育中不可或缺的工具。它们为运动员和教练提供了宝贵的信息和洞察，有助于优化训练和提高竞技表现。这些技术的应用推动了体育科学的发展，为运动员和教练提供了更多的机会来实现卓越。

（二）运动装备和材料创新

科技的不断进步在改进运动装备、材料和器械方面发挥了关键作用，从而显著提高了运动员的表现。材料科学的发展推动了运动装备的创新。新型材料如碳纤维复合材料、陶瓷和高性能塑料已经广泛应用于运动装备的制造中。这些材料具有出色的轻量化、强度和耐用性特性，使得装备更轻、更耐用，有助于提高运动员的操控和效率。例如，碳纤维材料在自行车、高尔夫球杆和滑雪板等领域的应用，减轻了装备的重量，提高了运动员的性能。计算机辅助设计和模拟技术使得运动装备的设计更加精确和个性化。运动员可以通过计算机建模和仿真来定制装备，以满足其独特的需求和体型。这种个性化设计可以提高运动员的舒适度和表现，从而达到更高水平的竞技状态。生物医学工程学的进步为运动装备带来了创新。生物传感器、智能纺织品和可穿戴技术使得装备可以实时监测运动员的生理参数，如心率、肌肉活动和身体姿势。这些数据有助于运动员调整训练和竞技策略，提高了他们的表现并减少了潜在的伤害风险。运动装备的空气动力学设计也在不断改进。通过模拟流体力学和空气动力学，设计师可以优化器械的外形，减少阻力，提高速度和稳定性。这种技术在汽车赛车、自行车和游泳等领域取得了显著成就，使运动员能够创造更出色的成绩。科技的前沿不仅提供了更好的材料和设计，还为运动装备的制造和改进提供了更多机会。这些创新推动了运动员的表现不断提高，为体育竞技创造了更多机会和突破。在未来，科技将继续在运动装备领域发挥重要作用，助力运动员取得更卓越的成绩。

（三）电子竞技和虚拟体育

电子竞技、虚拟现实和增强现实等科技应用正在体育娱乐领域迅速发展，为观众和运动员提供了全新的娱乐体验。电子竞技已经成为全球范围内备受欢迎的娱乐活动。电子竞技比赛吸引了数百万观众，他们通过在线平台观看顶尖选手之间的比赛，亲身体验高水平的竞技对决。这种电子竞技文化已经超越了传统体育，成为一种全新的娱乐方式，也为年轻一代提供了更多地参与和追随偶像的机会。虚拟现实和增强现实技术已经开始改变体育观赏的方式。通过虚拟现实头盔，观众可以沉浸在比赛现场，仿佛身临其境。而增强现实技术则可以为观众提供实时的数据和信息，增强他们对比赛的理解。这些技术的引入使体育观赏更加互动和生动，提供了前所未有的娱乐价值。科技还在体育游戏领域发挥着关键作用。电子游戏不仅提供了娱乐，还可以促进对体育规则和策略的理解。电子竞技、虚拟现实和增强现实等科技应用正在为体育娱乐领域注入新的活力和创新。这些技术将进一步改变体育观众的互动方式，提供更加身临其境的观赏体验，并且为体育游戏和虚拟比赛提供更多的机会，为体育娱乐带来更加多样化和富有趣味的未来。

第四节 国际间体育教学的经验分享

国际间体育教学的经验分享是促进全球体育教育进步的关键。通过国际交流和合作，教育者和教练可以分享最佳实践和教育方法，从而提高教育质量。这种分享不仅包括技术和战术方面的知识，还包括不同教育理念的理解。这种经验分享不仅有助于提高体育教育的标准，还有助于推动全球体育事业的发展。国际间体育教学的经验分享是一种有助于不同国家和地区之间合作与交流的途径，有助于各方从彼此的经验中学习和改进体育教育。

一、国际间体育教学的合作与交流

国际间体育教学的合作与交流是一种有益的全球性合作，有助于不同国家之间的教育互惠和经验分享。知识共享。国际体育教育合作可以帮助学校和教育机构共享最佳实践、创新方法和最新研究成果。这有助于提高教育质量，丰富教育资源，为学生提供更广泛的学习机会。合作项目。国际体育教育合作可以包括合作研究项目、交流学生和教师，以及共同举办体育赛事和比赛。这些项目丰富了学生的学习经验，为他们提供了更广泛的发展机会。国际影响力。国际合作可以提高学校和教育机构的国际声誉，增加它们在全球范围内的影响力。这有助于吸引国际学生和合作伙伴，促进全球体育教育的发展。这种合作有助于培养全球化的体育教育视野，为学生提供更丰富的学习体验。

（一）国际合作项目

国际间体育教育合作项目是为促进跨国交流和合作而设立的重要举措，涵盖了学术交流、研究合作和学生交流等多个方面。学术交流在国际体育教育领域起着关键作用。大学和研究机构之间的学术交流项目为教师和研究人员提供了机会，分享最新的教育方法和研究成果。这种交流有助于推动体育教育的创新，促进全球最佳实践的传播。研究合作是国际体育教育项目的另一重要组成部分。合作项目可以涉及共同研究课题、联合出版研究成果或共享实验设备和资源。这些合作不仅有助于提升研究质量，还可以拓宽视野，解决全球性的体育教育挑战。

（二）体育教育交流平台

国际组织和平台在促进体育教育领域的交流和合作方面发挥着重要作用，为全球体育教育社区提供了有益的机会和资源。国际体育教育协会（International Association for Physical Education and Sport for Girls and

Women，IAPESGW）是一个重要的国际组织，致力于促进女性体育教育和参与。该组织通过年度大会、研讨会和网络平台，为教育者、研究人员和从业者提供了分享经验和最佳实践的机会，推动了女性体育教育的发展。国际研讨会和学术期刊是学术交流和知识分享的关键平台。通过国际研讨会，学者和专家能够聚集在一起，讨论最新的研究成果和趋势，建立国际合作关系。学术期刊则为研究人员提供了发表研究成果的渠道，使其能够与全球同行分享知识，促进体育教育领域的创新和发展。国际体育教育组织和在线平台也在促进交流和合作方面发挥了积极作用。这些组织通过举办培训课程、在线研讨会和资源共享，为教育工作者提供了继续学习和专业发展的机会，以应对不断变化的教育环境和需求。国际组织和平台在促进体育教育的全球合作和知识传播中起到了关键作用。它们通过连接教育者、研究者和从业者，为创新和改进提供了机会，有助于提高体育教育的质量和影响力，推动全球体育教育事业的不断发展。

二、国际间体育教学的经验与教育效益

国际间体育教学经验的分享与教育效益密切相关，它有助于拓宽视野、提高教育水平，国际间体育教学经验的分享促进了跨文化交流。通过与不同国家和地区的教育者、教练员和学生分享经验，可以互相学习国际间体育教学经验的分享可以提供最佳实践示例。不同国家和地区可能在体育教育领域有各自的成功经验和创新方法。将这些最佳实践分享给其他国家的教育者和学生，有助于提高整体体育教育水平，提供更丰富的教学资源和方法。国际间体育教学经验的分享可以推动体育教育的国际标准化。通过了解不同国家的体育教育标准和认证要求，可以促进国际体育教育的对比和协调。这有助于确保学生在国际范围内的体育教育质量和一致性。

国际间体育教学经验的分享可以丰富教育资源。教育者和学生可以获得来自世界各地的教材、课程和教育技术的访问权限。这不仅丰富了学习资源，还可以提供多样性的学习体验，帮助学生更好地理解和应用体育知识和技能。国际间体育教学经验的分享为教育者和学生带来了多方面的教育效益。它促进了跨文化交流、提供了最佳实践示例、推动了国际标准化，丰富了教育资源，有助于培养具备全球视野的体育教育从业者和学生。这对于提高体育教

育的质量和影响力至关重要。

（一）教育质量和多样性

国际间体育教学的提高教育质量和促进多样性可以丰富教学内容和方法。这有助于提供更全面、多元化的教育体验，为学生提供更广泛的知识和技能。国际间体育教学还可以促进多样性和包容性。这有助于培养学生的多元化思维和包容性价值观，使他们更好地适应多元化的社会。

国际间体育教学还可以加强全球视野。学生通过学习不同国家和地区的体育文化和实践，更好地理解全球性问题。这有助于培养学生的全球公民意识，为他们未来的国际事务和职业生涯做好准备。国际间体育教学通过提供丰富的教育内容、以及促进全球视野，有助于提高教育质量，为学生提供更丰富的学习经验，为未来的全球合作和交往打下坚实的基础。

（二）学生学习和发展

国际间体育教学在学生的学习和综合发展中发挥了重要作用，涵盖了跨学科能力和全球视野的多个方面。国际间体育教学提供了跨学科学习的机会。学生在体育教育中不仅仅学到了运动技能，还涉及生物学、生理学、心理学和物理学等多个学科。这种跨学科的学习方式帮助学生理解运动和健康的综合概念，培养了他们的跨学科能力，使他们能够更全面地看待问题和挑战。国际间体育教学促进了学生的全球视野。国际间体育教学还强调了合作和团队精神。学生通常在多国际团队中一起参与体育活动，这促进了团队合作、沟通和领导能力的发展。国际间体育教学鼓励了学生的探究精神和独立思考。通过参与国际比赛、项目和研究，学生有机会提出问题、寻找答案，发展独立思考的能力。这对于他们未来的职业发展和学术探索都具有积极影响。国际间体育教学为学生提供了更广阔的学习机会，促进了跨学科能力和全球视野的综合发展。通过这种方式，学生不仅在体育领域取得了进步，还在综合素养和全球意识方面得到了锻炼和培养，为他们未来的成功做出了贡献。

（三）教育创新和最佳实践

国际间体育教学中的教育创新和最佳实践对于培养全球化视野的学生和促进国际交流至关重要。

1.跨学科课程设计：为了应对全球性挑战，许多国际体育教育项目采用了跨学科的课程设计。这种方法将体育与其他学科（如科学、数学、社会科学等）整合在一起，帮助学生理解体育在不同领域中的影响和重要性。例如，通过将体育与生物学结合，可以研究运动生理学和身体健康的关系。

2.国际实践体验：国际间体育教育项目通常鼓励学生参与国际实践体验，例如交换计划、国际比赛和志愿者项目。这些经历不仅有助于学生了解不同文化和体育系统，还培养了他们的沟通和领导技能。

3.在线教育和虚拟实验室：随着技术的发展，国际间体育教育项目越来越依赖在线教育和虚拟实验室。这些工具使学生可以远程参与课程，与来自世界各地的同学互动，同时进行模拟实验和虚拟训练。这为学生提供了更灵活的学习机会，同时降低了地理位置的限制。

4.多语言教学和文化敏感性：为了迎接多样化的学生群体，国际间体育教育项目通常提供多语言教学和文化敏感性的培训。这有助于打破语言障碍，促进文化交流，确保每位学生都能获得平等的学习机会。

5.实践导向的教学方法：最佳实践包括实践导向的教学方法，强调实际运动和实验性学习。学生通过参与实际运动、模拟比赛和科学实验等活动，更深入地理解体育概念和原理。国际间体育教育的创新和最佳实践有助于培养具备全球视野和跨文化沟通技能的学生。这些方法不仅提供了更多的学习机会，还促进了国际间的合作和理解，为未来的体育领域提供了有价值的人才和知识。

第五节　行业合作与实践项目

行业合作与实践项目是教育体系中的重要组成部分，它们为学生提供了实际应用和职业发展的机会。通过与行业合作伙伴合作，学校可以为学生提供与现实工作环境相符的实践经验，使他们更好地准备进入职场。这种合作还有助于学校保持与行业的联系，了解行业趋势和需求，以便调整教育课程，使其更具实际应用性。实践项目可以帮助学生将理论知识应用到实际问题中，提高他们的职业技能和竞争力。行业合作还可以为学生提供导师和职业网络的机会，促进他们的职业发展。总之，行业合作与实践项目是教育的重要组成部分，它们有助于学生更好地准备职业生涯，同时也有助于学校与行业保持联系，促进教育的不断改进。行业合作与实践项目是一种将学术知识与实际应用相结合的教育方法，有助于学生获得实际工作经验并促进行业创新。

一、行业合作与实践项目的基本原理和形式

行业合作与实践项目是一种基于合作原则的教育模式，旨在将学生与行业联系起来，提供实际应用和职业发展的机会紧密联系行业。合作项目的核心在于与行业合作伙伴建立紧密联系，确保学生可以直接接触实际工作环境和行业专业人士。这有助于学生更好地了解行业需求和趋势。实际应用。实践项目要求学生将课堂学习应用到实际项目中，解决实际问题。这有助于提高学生的职业技能，增强他们的就业竞争力。导师指导。合作项目通常包括专业导师或行业专家的指导，他们可以为学生提供实际指导和建议，帮助他们克服挑战。项目评估。实践项目通常需要学生完成一项具体任务或项目，然后接受评估。这有助于评估学生的表现，并提供反馈，以促进进一步地学习和发展。实践项目的形式多种多样，包括实习、项目合作、研究合作和行业访问等。这些形式根据不同学科和行业的需求而异，但都遵循了合作原则，旨在将学生与实际工作相连接，提供有意义的学习体验。

（一）实践项目种类

不同类型的实践项目对于学生的综合发展和职业准备都具有重要意义。学生实习是一种常见的实践项目，通过在实际工作场所中获得经验，学生可以将课堂学习与实际工作相结合，提高自己的职业技能和就业竞争力。实习还有助于学生了解自己所学领域的实际运作，建立职业网络，为未来的就业做好准备。学术研究合作项目是培养学生创新思维和研究能力的重要途径。学生可以与教授或其他学生合作，开展科研项目，探讨学术问题，发表论文，提高研究和分析能力。这有助于学生深入了解自己所学领域的前沿知识，为未来的学术和职业生涯奠定坚实基础。行业赞助项目也为学生提供了宝贵的实践机会。在这种项目中，学生可以与行业合作伙伴一起解决实际问题，应用课堂学习到实际场景中，培养解决问题和团队合作的能力。这有助于学生更好地理解行业需求，为未来的职业规划提供参考。不同类型的实践项目都对学生的职业发展和学术成就有着积极的影响。这些项目为学生提供了多样

化的学习机会，帮助他们培养实际技能、研究能力和职业素养，为未来的成功做好准备。

（二）跨学科合作

促进不同学科领域之间的合作是解决实际问题和挑战的关键。这种合作有助于汇聚各种专业知识和资源，提供创新性的解决方案，并应对日益复杂的社会和科技挑战。建立跨学科团队是促进合作的关键。不同学科领域的专家可以共同组成一个团队，将各自的知识和技能整合起来。这种协同工作有助于创造性地思考和探索问题，产生更全面的解决方案。设立跨学科项目和研究中心是促进合作的有效途径。这些中心可以成为不同学科领域的专家们共同参与的平台，共享资源、设备和数据。这种集中资源有助于更深入地研究和解决复杂的问题。制定激励机制和政策支持也是推动合作的关键因素。学术机构和政府可以提供奖励和支持措施，鼓励不同学科领域的专家积极参与合作项目。这可以包括提供研究经费、奖学金和职业发展机会等。

开展跨学科教育是培养合作精神的重要手段。学生在教育过程中有机会接触不同学科领域的知识和方法，培养跨学科思维能力。这为未来的合作工作打下坚实基础。分享成功案例和最佳实践也是促进合作的途径。通过分享经验和教训，各学科领域的专家可以相互学习，并在解决实际问题时更加高效。促进不同学科领域之间的合作需要建立团队、设立中心、制定政策、进行教育和分享经验等多种途径。这种合作有助于更好地应对现实世界的复杂问题和挑战，推动科学和社会的发展。

（三）实际应用和知识转化

行业合作与实践项目在帮助学生将学术知识应用到实际情境中以促进知识转化方面发挥着关键作用。通过与各行各业的专业人士和组织合作，学生有机会在真实世界中应用他们所学的理论知识。这有助于他们将抽象的概念转化为具体实践，增强他们的问题解决和决策制定能力。实践项目为学生提供了与专业从业者合作的机会，使他们能够在实际情境中应用学术知识。这种合作不仅有助于学生获得实际工作经验，还可以建立与行业专家的联系，促进职业发展。同时，与实际项目相关的挑战也鼓励学生思考创新性的解决方案，培养了他们的创业精神。行业合作还能够帮助学生了解不同领域之间的交叉点，促进跨学科思维。在实践项目中，学生可能需要整合多个学科的知识，以解决复杂的问题。这有助于培养他们的综合素质和多维度思考能力。通过行业合作和实践项目，学生可以将学术知识与实际问题联系起来，了解知识的实际应用方式。这有助于激发他们对学习的兴趣和动力，使他们更具动力去追求深入的学术研究。行业合作与实践项目为学生提供了将学术知识应用到实际情境中的机会，促进了知识的转化和综合素质的培养。这种合作不仅有益于学生的职业发展，还为他们提供了更深入的学习体验，使他们更好地为未来的职业和学术生涯做准备。

二、行业合作与实践项目的教育效益和成功案例

行业合作与实践项目在教育领域中具有显著的教育效益，行业合作可以为学生提供实际工作经验。通过与行业合作伙伴合作，学生有机会在真实的工作环境中应用他们在课堂上学到的知识和技能。这种实践性的学习经验可以帮助他们更好地准备进入职场，增强他们的就业竞争力。实践项目可以增加学生的学习动机。与行业合作伙伴一起完成项目，学生通常会感到更有动力，因为他们的工作会产生实际影响和意义。这种学习方式可以提高学生的参与度和专注度，促进他们更深入地探索相关主题。行业合作项目有助于建立学校与行业之间的紧密联系。学校与行业伙伴之间的合作可以促进知识共享、资源共享和人才培养。这种紧密联系有助于确保教育内容与职业需求保持一致，为学生提供与实际工作相关的教育。

成功的行业合作与实践项目可以为学生提供丰富的职业发展机会。通过这些项目，学生可以建立职业网络、获得导师指导、参与创新项目，并在职场中找到有意义的职业。这对于他们的职业生涯发展至关重要。行业合作与实践项目在教育中具有重要的教育效益。它们提供实际工作经验、增加学生学习动机、建立学校与行业之间的联系，为学生提供职业发展机会。这些项目有助于培养具备实际技能和职业素养的学生，为他们的未来成功奠定坚实基础。

（一）学生职业发展

行业合作与实践项目在促进学生的职业发展、提供就业机会和职业导向

方面发挥着重要作用。这些项目为学生提供了实际工作经验，让他们在真实的职业环境中应用所学知识和技能。这有助于学生积累职业经验，提高就业竞争力，为他们的职业发展打下坚实基础。行业合作与实践项目为学生提供了与行业专业人士和雇主建立联系的机会。通过与企业合作，学生可以建立职业网络，了解行业的需求和趋势，获取导师指导和建议。这些联系不仅可以为学生提供就业机会，还可以为他们提供职业导向，帮助他们明确职业目标和发展路径。这些项目还可以帮助学生发展职业素养，包括沟通能力、解决问题能力和团队合作能力。这些素养在职场中至关重要，能够让学生在工作中表现出色，并获得晋升机会。因此，行业合作与实践项目不仅提供了职业技能的培养，还培养了学生的职业素养，使他们更好地适应职场环境。行业合作与实践项目对学生的职业发展至关重要。它们提供了实际工作经验、职业导向和就业机会，帮助学生在职场中取得成功。这些项目不仅是学生的学习机会，还是他们未来职业生涯的重要支持和引导。

（二）学术研究与知识创新

实践项目在促进学术研究和知识创新方面具有重要作用，它们为行业的可持续发展做出了重要贡献。实践项目提供了实地研究的机会，让学者能够亲自接触问题和挑战。通过参与实际项目，研究人员能够更好地理解行业需求和趋势，为其研究提供有力的背景和实际案例。实践项目鼓励学者与行业从业者合作。这种跨界合作促进了知识的共享和交流，有助于学术界和实际应用领域之间的互惠关系。学者能够从从业者的经验中获益，同时也能为他们提供研究和创新的支持。实践项目为学者提供了数据和资源，以支持其研究。学者可以借助实际项目中的数据和信息，进行深入的分析和研究，从而推动知识的创新。这些项目还可以为学者提供访问实验设备和实际情境的机会，有助于他们验证假设和理论。实践项目通常涉及解决实际问题和挑战。通过这种问题导向的方法，学者能够聚焦在解决现实世界的问题上，推动研究的实用性和影响力。这种实际的应用有助于产生有意义的研究成果，为行业的改进和创新提供了解决方案。

实践项目还促进了学术界和行业之间的双向互动。学者可以将他们的研究成果分享给从业者，为行业发展提供建议和支持。与此同时，学者也可以从从业者那里获得反馈和实际应用的见解，有助于进一步改进其研究和教学。

实践项目为学术研究和知识创新提供了有力的平台,通过与行业合作解决实际问题,为学者和从业者带来了共赢的机会。这种合作推动了知识的进步和行业的发展,为未来的创新和可持续性做出了贡献。

第六节 跨学科研究与创新

跨学科研究与创新是推动科学和技术进步的关键因素。它通过将不同学科的知识和方法相结合,解决复杂的问题和挑战。这种融合不仅有助于创造新的理论,还能够产生创新的解决方案和应用。跨学科研究促进了知识的跨界传递和合作,有助于打破学科壁垒,激发创新思维。例如,生物医学工程结合生物学和工程学,开发出医疗设备和治疗方法。环境科学结合地理学和化学,研究环境问题和可持续发展。这种跨学科合作为解决复杂的全球性挑战,如气候变化和健康危机,提供了关键的解决途径。总之,跨学科研究与创新在推动科学进步和解决复杂问题方面具有不可忽视的作用,它将不同学科的专业知识结合起来,为创新和发展打开了广阔的道路。

一、跨学科研究与创新的挑战与机会

跨学科研究与创新带来了许多机会和挑战。一方面,它为解决复杂问题和创造创新解决方案提供了独特的机会。不同学科的融合可以促进创新思维,挖掘新的研究领域,并为跨界合作提供基础。跨学科研究也面临着一些挑战。学科差异可能导致沟通和理解上的困难。不同学科有不同的术语和方法,需要跨越这些障碍进行有效的合作。资源分配可能会成为问题。跨学科研究通常需要更多的资源和时间,包括跨学科团队的组建和协调。评估和认可跨学科研究的贡献也可能存在挑战。跨学科研究的机会远远超过了挑战。它推动了科学和技术的进步,促进了创新和知识的跨界传递。最重要的是,跨学科研究为学者和研究人员提供了更广泛的视野,培养了创新和解决问题的能力,有助于推动社会进步和发展。因此,尽管存在挑战,跨学科研究与创新仍然是推动科学和技术前进的重要途径。

（一）学科壁垒

不同学科之间存在壁垒和沟通障碍，这些问题可能阻碍了跨学科合作和交流。学科之间的专业术语和概念差异可能导致理解困难。不同学科有各自独特的术语和方法，学者们通常更容易与自己领域的同行沟通，而在跨学科交流时可能需要解释和理解不同学科的专业术语。学科之间的方法论差异也是一种挑战。不同学科可能采用不同的研究方法和分析工具，这可能导致在合作项目中的理论和方法不一致。这种差异需要通过协作和共同理解来解决，以确保研究的一致性和有效性。

为克服这些壁垒和沟通障碍，跨学科团队可以采取一些措施。建立共同的理解和术语是关键。团队成员应该共同讨论和定义项目的关键概念和术语，以确保大家在同一页面上。促进开放的沟通和合作是必要的。团队成员应该建立互信和尊重，鼓励彼此分享意见和反馈。定期的会议和讨论可以帮助解决问题和促进团队协作。跨学科研究需要时间和耐心。团队成员应该有心理准备，知道合作可能会面临挑战，但也相信跨学科合作的潜力和价值。通过不断的努力和合作，可以克服学科之间的壁垒，实现跨学科合作的成功。

（二）资源分配和管理

跨学科研究项目在资源需求和管理方面面临一些挑战，但通过有效的规划和协调，可以最大化资源的利用。跨学科研究项目通常需要来自不同学科领域的专业知识和技能。这意味着项目需要吸引和招募具有多样背景的研究人员，这可能需要更多的时间和精力来寻找适合的团队成员。管理这样多样化的团队也需要灵活性和跨学科的沟通，以确保团队协作顺畅。资源需求可能会增加，因为跨学科研究项目通常需要更多的设备、技术和实验室空间，以支持不同学科领域的研究。这可能需要更多的经费来购置和维护这些资源。同时，项目管理也需要更多的时间和精力，以协调不同领域的研究人员和资源。

资源管理的挑战还包括协调不同学科领域的研究进度和目标。不同领域的研究人员可能具有不同的时间表和优先级，因此需要有效的项目管理和沟通，以确保项目按计划进行。这可能需要使用专门的项目管理工具和方法。最大化资源利用的方法包括明确定义项目的目标和优先事项，并确保资源分配与这些目标一致。建立有效的团队合作和沟通机制,以便不同领域的研究人员能够协作并分享资源。项目领导者可以积极寻求外部资助和合作,以弥补资源不足的情况。跨学科研究项目需要更多的资源和管理努力,但通过明智的规划和有效的资源分配,可以实现资源的最大化利用。这种跨学科合作有望产生更有影响力和创新性的研究成果,从而为解决复杂问题和推动知识的进步做出贡献。

(三)跨学科创新的潜力

跨学科研究与创新具有巨大的潜在机会,能够在多个领域带来深远的产业发展、社会影响和政策制定方面的积极变革。跨学科研究有助于推动产业的创新和发展。不同学科领域的专业知识相互交叉,能够激发新的创意和发现。例如,生物学和工程学的跨学科合作推动了医疗设备和生物技术的快速发展,为医疗产业带来了突破性的创新。跨学科研究有助于解决社会问题和产生社会影响。许多社会挑战不仅仅属于一个领域,而是需要多学科的知识来全面理解和解决。跨学科研究和创新具有潜在机会,可以推动产业的发展,解决社会问题,对政策制定产生积极影响。跨学科合作不仅有助于推动知识的前沿,还有助于创造更具影响力的解决方案,从而推动社会的进步和可持续发展。

二、跨学科研究与创新的未来展望

跨学科研究与创新在未来将继续发挥关键作用,为解决复杂的全球性问题和推动科学进步提供新的机会和展望。跨学科研究将在解决复杂挑战方面发挥关键作用。跨学科研究将不同领域的专家汇集在一起,促进知识的交流和整合,从而更好地理解和解决这些挑战。跨学科研究有望推动创新和科学发展。当不同领域的研究人员合作时,他们带来了不同的思考方式和方法,可以激发创新思维。跨学科研究还有助于发现新的研究领域和交叉点,这些领域可能成为未来的突破性发现的源泉。跨学科研究将促进科学交流和国际合作。科学和技术的发展已经使世界更加紧密相连,跨学科研究将成为不同国家和文化之间合作的桥梁。研究人员可以借助跨学科的方法来共同解决全球性问题,并分享他们的知识和资源。跨学科研究将加速科学知识的传播和应用。跨学科团队通常更有可能将他们的研究成果应用到实际问题中，从而促进技术和创新的发展，改善人们的生活质量。未来的跨学科研究将继续在解决全球性问题、推动创新和科学发展、促进国际合作以及促进科学知识的传播和应用方面发挥关键作用。这将为人类社会的可持续发展和进步提供更广阔的前景。

（一）数字化和技术应用

数字技术和信息技术在促进跨学科研究和创新方面发挥了关键作用。它们提供了跨学科数据的集成和分析平台。研究人员可以利用数字技术整合不同领域的数据，进行跨学科的数据分析，发现不同学科之间的关联和潜在的研究机会。这种数据驱动的方法有助于创新和发现新知识。数字技术和信息技术为跨学科合作提供了沟通和协作的工具。研究人员可以利用云计算、在线协作平台和虚拟会议工具来共享数据、文献和观点。这种在线协作促进了跨学科团队的形成和合作，有助于跨领域的创新和研究。数字技术和信息技术还提供了模拟和建模的能力。研究人员可以利用计算机模拟和虚拟现实技术来模拟不同学科的复杂系统和现象，以便更好地理解和研究。这种虚拟实验和模拟有助于跨学科研究的探索和发展。

数字技术和信息技术为跨学科研究提供了广泛的信息资源。研究人员可以访问在线数据库、数字图书馆和开放获取的资源，获取各种学科领域的文献和信息。这些资源为跨学科研究提供了丰富的背景知识和研究支持。数字技术和信息技术为跨学科研究和创新提供了丰富的工具和资源。它们促进了数据整合、在线协作、模拟建模和信息获取，有助于研究人员跨越学科界限，开展创新的研究和探索。

（二）国际合作与全球挑战

国际合作在解决全球挑战方面发挥着至关重要的作用。国际合作的重要性在于，它促使各国共同制定全球性政策和法规，建立共同标准和准则，以解决全球挑战。这有助于维护国际秩序、和平与安全，并保护全球公共利益。它强调了全球社会的互联互通性，需要各国政府、国际组织和民间社会的共同努力，以应对当今世界所面临的复杂挑战。

(三)跨学科教育

跨学科研究与创新在高等教育领域扮演着日益重要的角色,推动了教育创新并展示出令人振奋的未来趋势。跨学科研究在高等教育中促进了教育创新。通过将不同领域的知识和方法相互整合,学生可以获得更全面、综合的教育体验。这有助于培养跨领域思维和解决问题的能力,使学生更具创造力和适应性。跨学科研究推动了多样性和包容性教育。它鼓励学生跨越学科和文化的界限,增进了对不同文化、背景和思维方式的理解。这有助于培养全球公民,促进文化交流和多元化。

未来趋势包括跨学科在线教育的发展。互联网技术使得学生可以全球范围内访问跨学科课程和资源。虚拟现实和增强现实技术也将创造更具沉浸感的跨学科学习体验。大学和研究机构之间的合作将成为常态,以应对复杂的全球挑战,跨学科研究与创新在高等教育中的应用将为学生提供更丰富的教育体验,促进多元化和包容性教育,同时推动了未来的在线学习和国际合作。这些趋势将有助于培养更具综合性和全球意识的学生,为社会和全球挑战提供更好的解决方案。

第六章 教师培训与专业发展

第一节 体育教师培训的现状与问题

体育教师培训领域面临着一系列现状和问题。培训内容不够多元化,往往集中在传统体育教学方法上,忽视了现代教育趋势和多样化的学生需求。这导致了体育教师可能缺乏应对不同学生群体的能力。技术应用不足也是一个问题。现代社会依赖于技术,但很多体育教师没有接受足够的数字化培训,无法充分利用技术来支持学生的学习和发展。改进体育教师培训需要更多的多元化内容、技术应用、统一标准和持续专业发展机会,以提高体育教育的质量和效果。体育教师培训的现状与问题是一个关键性的话题,影响着体育教育的质量和未来发展。

一、体育教师培训的现状

目前,体育教师培训领域面临着一系列挑战和问题。数字技术的应用不够广泛。虽然技术在现代教育中起着关键作用,但许多体育教师仍然缺乏数字化教育工具的培训和使用经验。培训质量的不一致性也是一个问题。不同地区和机构提供的体育教师培训标准和质量差异较大,缺乏统一的认证机构。持续专业发展机会有限。体育教师通常难以获得进修和培训的机会,无法不断提升自己的教育水平。为了改进体育教师培训,需要注重培训内容的多元化和创新,推动数字技术的应用,建立统一的标准和认证机构,并提供更多的持续专业发展机会,以提高体育教育的质量和效果。

(一)培训机构

提供体育教师培训的学校、大学、教育机构和协会有很多,它们在培养出色的体育教育者方面发挥着重要作用。许多大学和学院提供体育教育专业，为未来的体育教师提供了系统的教育。这些教育机构通常设有体育教育学系或体育科学学院，提供了丰富的课程和培训，涵盖了体育教育的理论和实践。教育机构和师范学校也提供体育教师培训课程。这些机构致力于培养未来的教育者，包括体育教师，他们提供了教育学、课程设计和教育心理学等相关领域的课程。教育协会和体育组织也在体育教师培训中发挥着重要作用。它们通常组织专业发展活动、研讨会和研究项目，为体育教育者提供了不断学习和提高的机会。在线教育平台和资源也为体育教师提供了便捷的培训途径。许多机构和协会在互联网上提供了教育课程和教材，使体育教师能够根据自己的时间和需求进行学习。体育教师培训的资源丰富多样，从传统学校到在线平台，都为体育教育者提供了丰富的培训和发展机会，以便更好地满足学生的教育需求。

（二）师资力量

体育教师培训师资的构成和水平至关重要，直接影响着体育教育的质量和学生的发展。师资应该包括具备专业知识和经验丰富的体育教育专家，他们能够传授最新的教学方法和体育科学知识。这些专家应该具备卓越的教育心理学、多元文化教育和教育技术方面的培训，以更好地理解学生的需求，并能够灵活运用教育工具。

师资水平的提高需要不断的专业发展和培训机会，以跟上教育领域的最新趋势和研究成果。同时，体育教育师资还应具备卓越的沟通和团队合作技能，以便有效地与学生、家长和同事协作。培训师资的构成应该多样化，包括来自不同背景和文化的教育者，以更好地满足多样化学生群体的需求。最终，高水平的体育教育师资将有助于培养出更有潜力和领导能力的学生，为未来的体育领域做出更大的贡献。

二、体育教师培训的问题与挑战

体育教师培训面临一些问题与挑战，这些挑战直接影响着教育质量和学生的发展。教育机构需要更多的资源来提供高质量的体育教师培训。这包括专业教育师资的培养、体育设施的改善以及先进的教育技术和资源的提供。

培训体育教师需要更加全面和多样化的课程。现代体育教育不仅仅关注运动技能，还包括教育心理学、多元文化教育和创新教育方法等方面的知识。因此，培训课程需要不断更新，以满足不断变化的教育需求。

体育教师培训需要更多的实践经验和实习机会。学生需要在实际教育环境中应用他们的知识和技能，以便更好地准备他们成为优秀的体育教师。因此，提供足够的实践机会是一个重要挑战。培训体育教师需要更好地应对多样性和包容性。体育教育需要考虑不同学生的需求，包括残疾学生和来自不同文化背景的学生。培训体育教师需要提供相关知识和技能，以确保他们能够有效地教育所有学生。教育政策和社会价值观的变化也是一个挑战。体育教育的地位和重要性在不同国家和时期可能有所不同，因此培训体育教师需要适应这些变化，以满足不断变化的需求。体育教师培训面临着资源不足、课程多样性、实践经验、多样性和政策变化等一系列问题与挑战。解决这些挑战需要综合的努力，以确保培训出高质量的体育教育专业人才。

（一）培训质量

培训质量的不均衡问题在体育教师培训领域存在，其中两个主要方面是培训内容的过时性和不适应性。培训内容的过时性是一个挑战。随着体育科学和教育领域的不断发展，新的教育方法、体育理论和教育技术不断涌现，但培训内容往往滞后于最新的趋势和研究成果。这可能导致体育教育者在实践中面临过时的教育方法和理论，影响他们的教学质量。培训内容的不适应性也是一个问题。培训机构和课程可能没有足够的个性化和灵活性，无法满足不同体育教育者的需求。不同地区、年龄组别和学生群体可能需要不同类型的培训，但有时培训内容过于通用，无法满足特定教学环境的需求。

解决这些问题的关键在于不断更新培训内容和方法，确保它们与最新的教育和体育领域的发展保持同步。培训机构应定期审查和更新课程，引入新的研究成果和最佳实践。个性化的培训选项和灵活的学习路径可以帮助不同类型的体育教育者获取他们所需的知识和技能。通过这些努力，可以减轻培训质量不均衡的问题，确保体育教育者得到高质量、实用性的培训。

（二）教育技术

体育教师培训中科技应用的不足是一个令人关切的问题，它可能限制了体育教育的创新和效益。教育技术的有限使用可能导致培训师资无法充分了解和掌握最新的教学工具和资源。

科技应用的不足可能导致学生错失了利用现代技术来提高体育技能和知识的机会。在当今数字化时代,科技在体育教育中具有巨大潜力,可以提供更丰富的学习体验和更广泛的资源。因此,有必要在体育教师培训中加强对教育技术的培训和支持,以确保教育师资能够有效地整合技术进入教学中,从而更好地满足学生的需求和提高体育教育的质量。

(三)师资短缺

体育教师培训领域面临师资力量不足和培训机构的招聘挑战。很多培训机构缺乏经验丰富、高水平的体育教育专家和教育家,这对于提供高质量的培训课程构成了挑战。因为教育领域竞争激烈,而薪资和职业发展机会相对有限。招聘体育教育领域的专家需要进行有效的策略和广泛的网络,这也是一个挑战。解决这些问题的途径包括提供更具吸引力的薪酬和福利待遇,建立合作伙伴关系以引入外部专家,以及鼓励教育机构为培训体育教师提供更多的专业发展机会。这样可以吸引更多的专业人才,并提高培训的质量,以更好地满足未来体育教育的需求。

三、改进体育教师培训的途径与建议

改进体育教师培训的途径与建议至关重要。需要建立更紧密的合作关系,将学术界、教育机构和体育界融合在一起,以促进知识共享和实践经验交流。培训计划应更加注重实际教学技能的培养,包括课堂管理、教学方法和评估技巧。引入新兴技术和在线教育资源,以提供灵活性和个性化学习体验,也是改进的关键。重视教育者的终身学习,鼓励他们不断更新知识和适应不断变化的教育环境,从而提高体育教师培训的质量。

(一)更新培训内容

为了提高体育教育的质量,迫切需要更新培训内容,以反映最新的体育教育理论、技术和方法。这一举措至关重要,因为体育教育是一个不断演化的领域,需要与时俱进,定期审查和修订培训大纲。培训机构和教育机构应该定期检查培训大纲,确保其中包括最新的研究成果、教育理论和最佳实践。

这包括了解最新的运动科学研究、教育心理学原理以及体育技术的进展。引入新的教育技术和工具。培训内容应该包括使用新兴的教育技术，例如虚拟现实、游戏化学习和在线教育平台。这些技术可以提供更具互动性和吸引力的学习体验，有助于培养学生的技能和兴趣。强调终身学习和专业发展。体育教育者应该被教育和激励，不仅在培训期间获得知识，还应该致力于终身学习和不断的专业发展。培训内容应该包括如何保持对新趋势和研究的关注，以及如何积极参与体育教育社区。建立合作网络。培训机构应该与体育学院、专业协会和体育教育领域的专家建立紧密联系，以确保培训内容与实际需求保持一致。合作可以促进知识共享和专业交流，有助于更新培训内容。更新培训内容是提高体育教育质量的关键步骤。通过不断反映最新的体育教育理论、技术和方法，可以确保体育教育者具备最新的知识和技能，为学生提供高质量的教育。这对于培养健康、有活力的未来社会至关重要。

（二）教育技术整合

为推动培训中更广泛的教育技术整合，以提高培训效果和创新，有几个关键的策略和方法可供考虑。需要加强培训师资的数字素养和教育技术培训。这可以通过提供专门的培训课程和工作坊来实现，以帮助培训师资更好地理解和掌握教育技术工具和资源。培训课程应该积极采用教育技术，以示范其在实际教学中的应用。这可以包括使用在线学习平台、虚拟实验和多媒体资源来提供培训内容。通过这种方式，培训师资将能够亲身体验到教育技术的优势，并将其融入到自己的教学中。建立支持体系也是至关重要的。培训机构和学校可以设立支持教育技术整合的专门团队或部门，提供技术支持和咨询服务，以解决在使用教育技术时可能遇到的问题。鼓励创新和实验是促进教育技术整合的关键。培训师资应该鼓励尝试新的教育技术工具和方法，并分享他们的经验和最佳实践。这将有助于建立一个积极的学习和创新文化，推动培训中更广泛的教育技术整合，从而提高培训效果和创新水平。

（三）合作与实践

为了解决体育教师培训中的师资力量不足和培训机构的招聘挑战，鼓励与学校和体育组织的合作是一种关键的途径。这种合作可以提供丰富的实践机会和实习机会，从而加强师资队伍的培训和发展。与学校合作可以让未来的体育教师获得更多的实际教育经验。他们可以参与学校的体育课程，亲身体验教育环境，并与学生互动。这种实际经验可以帮助他们更好地理解教育过程中的挑战和机会。与体育组织的合作可以为未来的体育教师提供更广泛的实践机会。他们可以参与组织的体育活动和项目，了解不同层次的运动和竞技。这种实际参与有助于培养他们的领导能力和团队合作能力。与学校和体育组织的合作可以为体育教师培训提供更多的实践机会和实习机会，帮助他们更好地准备未来的教育工作。这不仅有助于解决师资力量不足的问题，还能够提高培训质量，从而更好地满足体育教育领域的需求。

第二节　当前对体育教师的素质要求

当前的体育教师面临着更高的素质要求，以满足教育领域的不断发展和学生的多元需求。当前的体育教师需要具备坚实的专业知识和技能。这包括对运动科学、训练方法、体育心理学等领域的深刻理解，以便能够为学生提供高质量的体育教育。教师需要不断更新自己的知识，跟上体育科研和教学方法的最新进展。体育教师需要具备良好的教育理念和教育心理学知识。他们应该了解学生的发展特点和需求，能够制定符合学生个体差异的教育计划，并采用多样化的教学方法，以提供包容性教育。新时代的体育教师需要具备良好的沟通和人际关系技能。他们要与学生、家长和同事之间建立积极的互动关系，鼓励学生积极参与体育活动，并解决潜在的教育问题。体育教师应具备创新精神和教育技术应用能力。随着科技的快速发展，教师需要善于利用教育科技工具，如虚拟实验、在线学习平台等，丰富教学手段，提高教学效果。

体育教师还需要具备团队合作和领导能力。他们可能需要与其他教育工作者、教练和校领导紧密协作，共同促进学生的全面发展。当前的体育教师应具有终身学习的意识，不断提升自己的教育水平和职业素养。只有不断适应新时代的教育需求，才能更好地为学生的成长和发展提供支持。新时代的体育教师需要具备专业知识、教育理念、沟通技能、教育技术应用能力、团队合作和领导能力，以及终身学习的态度。他们将在教育领域发挥重要作用，帮助学生成长为全面发展的个体。

一、当前体育教师的核心素质

当前体育教师需要具备一系列核心素质，以满足不断变化的教育需求和社会挑战。他们需要拥有卓越的专业知识和技能，不仅熟悉体育科学和运动技能，还要了解教育心理学、教育技术等跨学科知识领域，以更好地应对学生的多样性需求。体育教师需要具备卓越的沟通和协作能力。他们需要与学生、家长、同事和其他教育机构建立良好的合作关系，促进教育的全面发展。新时代的体育教师应具备创新思维和问题解决能力，能够灵活应对不同教育场景和学生需求，提供多样化的教育方案。

教育道德和职业操守也是核心素质的一部分。体育教师需要秉持教育公平、公正、公开的原则，关心学生的全面发展，为学生的成长负起责任。新时代体育教师的核心素质包括卓越的专业知识和技能、卓越的沟通和协作能力、创新思维和问题解决能力，以及高度的教育道德和职业操守。这些素质将有助于他们更好地应对教育挑战，培养出全面发展的学生。

（一）专业知识与技能

当前的体育教师需要具备多方面的核心素质，以应对不断变化的教育环境和学生需求。他们应该拥有扎实的体育学科知识，深入了解运动生理学、运动心理学、运动管理等领域的最新研究和理论。这将帮助他们更好地理解运动原理，为学生提供科学有效的训练和指导。体育教师需要掌握最新的教育理论和教学技能。他们应该了解不同年龄段学生的认知和发展特点，以便个性化教育。同时，他们需要掌握多样化的教学方法，包括项目化学习、情境教学和游戏化学习，以提供更具吸引力和有效果的教育体验。

体育教师还应该具备体育技能培训的专业知识，能够帮助学生提高运动技能和战术水平。他们应该能够制定个性化的训练计划，并提供实时反馈，以帮助学生改进。教育科技的应用也是当前体育教师不可或缺的能力。他们需要了解如何使用教育技术工具，例如虚拟现实、多媒体内容和在线教育平台，以增强学生的学习动机和提供更多学习资源。

当前的体育教师需要多方面的综合素质，包括学科知识、教育理论、教学技能和教育科技应用。只有具备这些核心素质，他们才能够为学生提供高质量的体育教育，培养出更健康、更有活力的新一代。

（二）教育理念与伦理道德

体育教师的角色不仅仅是传授运动技能，他们应该具备积极的教育理念，关注学生的全面发展，同时遵守职业伦理和道德规范。积极的教育理念意味着体育教师应该把教育视为一项终身的使命，而不仅仅是工作。他们应该认识到教育的重要性，不仅在于传授知识和技能，更在于塑造学生的品格和价值观。体育教育提供了独特的机会，可以教育学生关于团队合作、领导力、坚韧性和公平竞争等方面的重要素养。关注学生的全面发展是体育教师的责任。他们不仅应该关注学生的体育技能提高，还要关心他们的身体健康和心理健康。通过体育活动，学生可以建立自信、培养健康的生活方式，以及应对生活中的各种挑战。体育教师应该鼓励学生参与多样化的体育活动，满足他们的兴趣和需求，帮助他们在多个方面取得成功。

遵守职业伦理和道德规范对于体育教师至关重要。他们必须保护学生的权益和安全，确保公平竞争的环境，并避免任何形式的歧视或不当行为。体育教师应该成为学生的榜样，展示良好的道德和伦理价值观，以帮助塑造学生的品格。体育教师应该拥有积极的教育理念，关注学生的全面发展，并坚守职业伦理和道德规范。他们的工作不仅仅是教授体育技能，更是培养未来的领袖和公民。这是一项具有挑战性但也充满意义的工作，对社会和学生的未来产生着深远的影响。

（三）教育创新与适应能力

当前的体育教师需要具备创新思维和适应能力，以不断更新教育方法和课程设计，以更好地满足学生的需求和社会的变化。创新思维是体育教育领域的关键，它包括了教学方法、技术应用、课程内容和评估方式等多个方面。创新思维要求体育教师不断寻求新的教育方法和教学工具。随着科技的进步，教育技术、在线学习平台和虚拟现实等工具的应用变得越来越重要。体育教师需要主动探索这些新技术，将它们融入教学中，以提高学生的参与度和学习效果。适应能力是体育教师必备的素质之一。社会和学生的需求不断演变，体育教育也必须跟随变化。体育教师应该保持灵活性，能够根据学生的背景和兴趣调整教学内容，同时关注社会问题和趋势，将其融入体育课程中，帮助学生培养综合素养。

创新思维和适应能力有助于提高体育教师的教育质量和影响力。他们可以通过不断改进教育方法，培养学生的创造力、批判性思维和问题解决能力。他们还可以促进体育教育的社会影响，通过倡导健康生活方式、体育参与和社会责任来培养全面发展的学生。现阶段的体育教师需要具备创新思维和适应能力，以不断更新教育方法和课程设计，以满足学生的需求和社会的变化。这将有助于培养更加全面和有竞争力的学生，为社会的发展做出积极的贡献。

二、当前体育教师的发展与支持

当前的体育教师需要不断发展和得到全面支持，以应对教育领域的挑战和变化。体育教师应不断提升专业知识和技能，包括最新的运动科学、教育心理学和多元文化教育等方面的知识。他们需要积极参与教育研究，以保持教育方法的更新和改进。体育教师需要不断适应多样化的学生需求。他们应该接受跨学科培训，以更好地理解不同学科领域的教育需求，并提供个性化的教育支持。体育教师还应关注学生的身体健康和心理健康，促进全面的学生发展。

教育机构和政策制定者需要提供充足的资源和支持，以支持体育教师的发展。这包括提供先进的体育设施、教育技术和教材，以及提供实践机会和继续教育课程。政策制定者还应制定支持体育教育的政策，确保体育教师的地位和薪酬得到充分认可。体育教师需要建立良好的合作关系，与家长、学生和其他教育专业人员共同努力，促进学生的全面成长和发展。他们应积极参与教育社区，分享经验和最佳实践，以共同提高体育教育的质量。当前的体育教师需要不断发展自身的知识和技能，适应多样化的学生需求，并得到教育机构和政策制定者的全面支持，以确保提供高质量的体育教育。

（一）师资培训与发展计划

学校和教育机构在培养和支持体育教师方面扮演着关键的角色。为了促进体育教师的职业成长，这些机构应该提供全面的师资培训和发展计划。这些计划应该包括持续的职业发展机会。体育教师需要定期参加专业发展培训，以跟踪最新的教育趋势和技术进展。这些培训可以涵盖课程设计、教学方法、教育技术的应用等方面，以确保他们的教学水平保持更新和提高。学校和教育机构可以提供导师制度，帮助新入职的体育教师融入教育团队。有经验的教师可以担任导师，与新教师分享教学经验和最佳实践，提供指导和支持。支持体育教师的职业成长还可以通过提供研究和创新的机会来实现。学校和教育机构可以鼓励体育教师参与教育研究项目，促进跨学科合作，提供资源和支持，以促进他们在教育领域的贡献。

这些培训和发展计划应该是个性化的，根据每位体育教师的需求和兴趣来定制。这样，他们可以更好地适应不同学生群体的需求，并不断提高自己的教育水平。学校和教育机构应该积极支持体育教师的职业成长，提供多样化的培训和发展计划，以确保他们在教育领域取得成功并为学生提供高质量的体育教育。这将有助于培养更健康、更活跃的学生，为未来的社会健康和发展作出贡献。

（二）教育科技支持

为了帮助体育教师更好地整合技术和教育，提供教育科技工具和资源是至关重要的。在线教育平台和学习管理系统可以为体育教师提供一个集中的地方，用于管理课程内容、分发作业和与学生互动。这些平台可以帮助教师轻松地分享课程材料、视频教程和在线测验，从而提高教学效率。多媒体资源如视频、动画和虚拟实验可以使抽象的概念变得更加具体和生动。体育教师可以利用这些资源来展示运动技巧、战术策略和运动生理等内容，使学生更好地理解和应用所学知识。运动技能分析工具和应用程序可以帮助教师和学生记录和评估运动技能。这些工具可以提供实时反馈，帮助学生改进他们的技能，并让教师更好地了解学生的表现。

教育科技还可以促进在线合作和互动。教育平台可以支持在线讨论、协作项目和实时沟通，帮助学生更好地参与学习过程，与同学和教师互动。提供教育科技工具和资源可以帮助体育教师更好地整合技术和教育，提高教学效果，使学生更好地理解和应用体育知识和技能。这些工具和资源不仅可以丰富教学内容，还可以增加互动性，提高学生的参与度和学习动机，有助于培养更全面发展的学生。

（三）学校与社区合作

促进学校、社区和体育组织之间的合作对于为体育教师提供更多实践机会和资源至关重要。这种合作可以实现资源共享、教学创新和学生发展的多方共赢，有助于提高体育教育的质量和影响力。学校与社区的合作可以为体育教师提供更多实践机会。学校可以与当地社区体育俱乐部、运动团体等合作，为学生提供更多的体育活动和比赛机会。体育教师可以借助这些资源，让学生参与更广泛的体育项目，培养他们的运动技能和团队合作能力。体育组织的参与可以为体育教师提供专业知识和培训资源。与专业的体育组织合作，体育教师可以获得最新的运动科学知识和教育方法，从而提高他们的教学水平。这种合作也有助于建立学生与体育行业的联系，为他们未来的职业发展提供更多机会。

学校、社区和体育组织之间的合作可以促进综合性体育教育的发展。通过跨界合作，体育教师可以将体育与其他学科（如科学、健康教育、艺术等）整合在一起，为学生提供更全面的教育体验。这种跨学科的合作有助于培养学生的综合素质和批判性思维能力。促进学校、社区和体育组织之间的合作是提高体育教育质量和影响力的重要途径。这种合作可以为体育教师提供更多实践机会和资源，有助于培养全面发展的学生，为他们未来的成功做好准备。同时，这也为社会提供了更多机会，推动体育教育的进步和创新。

第三节　教育技术培训与认知更新

教育技术培训在不断地认知更新中扮演着关键角色。这种培训帮助教育从业者掌握新技术工具，提高他们的数字素养。教育技术的快速发展要求教师不断适应，更新认知模式和教育策略。通过培训，教育从业者能够更好地理解如何整合技术进入课堂，提高教学效果。培训还帮助他们了解教育技术的最新趋势和最佳实践，从而保持专业竞争力。因此，教育技术培训是促使教育者不断进行认知更新，以适应现代教育环境的重要工具。教育技术培训与认知更新是现代教育中的重要议题，它涉及教育者如何利用最新的教育技术来提升教育质量和促进认知更新。

一、教育技术培训的重要性与方法

教育技术培训在现代教育中具有重要性。教育技术培训可以帮助教育工作者掌握最新的教育技术工具和方法,提高他们的数字素养,从而更好地应对数字化学习环境。教育技术培训有助于提高教育工作者的教育质量。通过有效利用教育技术,教育工作者能够创造更具吸引力和互动性的教育体验,提高学生的参与度和学习成果。教育技术培训可以促进教育创新。教育工作者通过学习和应用新的教育技术,能够开展更多的实验性教学和项目化学习,提供多样化的教育选择,满足不同学生的需求。

教育技术培训有助于提高教育工作者的职业发展。具备教育技术技能和知识的教育工作者在职业市场上更具竞争力,能够获得更广泛的教育机会。教育技术培训可以采用多种方法,包括在线课程、研讨会、工作坊、自主学习等。关键在于培训内容要与实际教育需求相符,注重实际操作和实际应用,以确保教育工作者能够将所学技能有效地应用于教育实践中。

(一)教育技术的崛起

教育技术在当今教育领域发挥着越来越重要的作用,它不断呈现出一系列发展趋势,对认知更新产生深远的影响。个性化学习是教育技术的重要趋势之一。现代教育技术可以根据学生的学习需求和水平,提供定制化的教育资源和活动。这种个性化的学习方式有助于提高学生的参与度和学习成绩,并促进了认知更新。虚拟现实和增强现实技术的应用逐渐增加。这些技术可以为学生提供沉浸式的学习体验,使他们能够更深入地理解和体验教育内容。通过与虚拟环境互动,学生可以更好地培养空间感知和问题解决能力,实现认知更新。

数据分析和人工智能在教育中的应用也在不断扩展。通过分析学生的学习数据,教育者可以更好地了解每个学生的学习风格和需求,从而调整教学方法,提供更有效的教育。这种个性化的反馈和指导有助于激发学生的学习动力,促进认知更新。开放式教育资源的共享和互联网的广泛应用也为认知更新创造了机会。学生可以通过在线课程、开放式教材和教育平台获得丰富的学习资源,自主学习和拓展知识领域。这种便捷的学习方式有助于培养学生的独立思考和问题解决能力,推动认知更新的发生。教育技术的发展趋势对认知更新产生了积极影响。个性化学习、虚拟现实、数据分析和开放式教育资源的应用，都有助于提高学生的学习效果和认知水平。这些趋势将继续推动教育领域的创新和发展，为学生提供更具挑战性和丰富多彩的学习体验。

（二）师资培训需求

教育者对教育技术培训的需求是为了提高他们的教学效果，以更好地满足不断变化的教育需求和利用最新科技的机会。教育者需要了解新兴的教育技术工具和资源，以充分利用它们来增强教学。随着科技的不断进步，新的教育应用、在线学习平台和教育工具层出不穷。教育者需要不断学习和了解这些工具，以确定哪些最适合他们的教学目标和学生需求。教育者需要培养数字素养和技术技能，以有效地使用教育技术。这包括了解如何操作教育软件、管理在线课程和有效地使用多媒体资源。这些技能不仅可以提高教学效果，还可以增加学生的参与度和学习体验。

教育者需要了解教育技术的最佳实践和教学策略。教育技术培训应该帮助他们理解如何将技术整合到课程设计中，以提高学生的学术表现和培养他们的关键技能，如批判性思维、问题解决和信息素养。教育者还需要培养创新和适应变化的能力。教育技术领域不断发展，新的工具和趋势不断涌现。教育者需要具备灵活性，愿意尝试新方法，以不断改进他们的教学，提高学生的学习成果。教育者对教育技术培训的需求是多方面的，包括了解新技术、培养技能、了解最佳实践和培养创新能力。这些需求有助于提高他们的教学效果，使教育更具有吸引力和有效性，从而更好地服务学生的教育需求。

二、认知更新与教育技术的整合

认知更新与教育技术的整合是教育领域中的一项关键趋势。认知更新指的是通过不断学习和适应来更新个体的认知结构和知识体系。教育技术的整合将现代科技工具和资源融入教育过程中，以提高学习效果和体验。在认知更新与教育技术的整合中，教育者可以利用先进的学习管理系统、在线教育平台和个性化学习应用程序来帮助学生更好地理解和应用知识。通过在线学习和虚拟实验，学生可以以互动的方式探索复杂的概念，促进认知更新。教育技术还可以提供实时反馈和个性化建议，帮助学生识别和纠正他们的认知偏差。

认知更新与教育技术的整合还可以促进跨学科和跨文化的学习。学生可以通过在线合作和国际交流获得多样的观点和经验，拓宽他们的认知视野。认知更新与教育技术的整合有助于提高学习的深度和广度，培养学生的批判性思维和问题解决能力。它将传统教育与现代科技有机结合，为学生提供更具吸引力和有效的学习机会。

（一）教育技术工具

教育技术工具如个性化学习平台和智能教育软件在促进学生的认知更新方面发挥着重要作用。个性化学习平台通过分析学生的学习数据和行为，可以为每位学生提供定制化的学习内容和活动。这意味着学生可以根据自己的学习需求和水平获得个性化的教育体验。例如，智能教育软件可以根据学生的答题情况和进度调整难度，确保他们在适当的挑战下学习。这种个性化的学习方式激发了学生的学习兴趣和动力，有助于认知更新。智能教育软件还可以提供实时反馈和个性化指导。学生可以通过这些工具获得即时的评估和建议，帮助他们了解自己的学习进展和弱点。这种个性化的反馈有助于学生改进学习策略和提高学术成绩，从而促进认知更新。教育技术工具还可以提供多样化的学习资源。学生可以通过这些工具访问各种教育内容，包括文字、图像、音频和视频。这样的多样性有助于满足不同学生的学习风格和需求，激发他们的多元化思维，推动认知更新的发生。这些工具还提供了互动性和参与性的学习体验。学生可以通过在线讨论、虚拟实验和模拟活动积极参与课程。这种互动性有助于培养学生的批判性思维和问题解决能力，促进认知更新的发展。教育技术工具如个性化学习平台和智能教育软件通过提供个性化、反馈丰富、多样化和互动性的学习体验，有助于促进学生的认知更新。这些工具的应用将继续推动教育领域的创新，提高学生的学术成就和认知水平。

（二）教学策略

教育技术与有效的教学策略的结合可以创造更富有成效的教学环境，提高学生的学习成果。激励性设计是一种能够激发学生学习兴趣和积极性的教学策略。教育技术可以通过吸引人的界面、多媒体元素和互动性来增强激励性。例如，使用多媒体演示、虚拟实验和游戏化学习可以使课程内容更具吸引力,激发学生的好奇心和主动性。互动式教学是一种强调学生参与和合作的策略,可以通过教育技术更好地实现。在线讨论板、虚拟协作工具和即时投票系统等技术可以促进学生之间的互动,使他们能够共同探讨问题、分享见解和解决挑战。这种互动可以增强学习效果,培养学生的批判性思维和问题解决能力。反馈机制是有效教学的重要组成部分,也可以通过教育技术来实现。自动化的测验和评估工具可以为学生提供及时的反馈,帮助他们了解自己的学习进展并纠正错误。教育技术还可以帮助教育者跟踪学生的表现,以便根据需要进行调整和改进课程设计。

教育技术与激励性设计、互动式教学和反馈机制的结合可以创造更具吸引力和有效性的教育环境。这种综合应用可以提高学生的参与度、学术成绩和学习体验,有助于培养具备创造力和批判性思维等关键技能的学生。

(三)教育评估

利用教育技术来评估学生的认知更新是提高教学质量和教育内容的重要手段。教育技术可以提供多样化的评估工具和方法,更全面地了解学生的学习进展。通过在线测验、虚拟实验、智能化教材等工具,教师可以收集大量数据,包括学生的答题情况、参与度、学习轨迹等,从而深入了解他们的认知水平和学习需求。教育技术可以实现个性化的评估和反馈。通过学习管理系统和智能教育软件,教师可以根据学生的表现提供实时的、个性化的反馈。这有助于学生更好地理解自己的优势和不足,有针对性地改进学习方法。同时,教师也可以根据评估结果调整教学策略,更好地满足学生的需求。教育技术还可以提供数据分析工具,帮助教育者更好地理解学生的认知更新。通过大数据分析、机器学习等技术,可以挖掘出隐藏在数据背后的模式和规律,为教育研究和决策提供有力支持。这有助于教育者更深入地了解学生的学习过程,发现潜在问题和机会,进一步改进教学方法和内容。教育技术为评估学生的认知更新提供了强大的工具和方法。通过多样化的评估工具、个性化的反馈和数据分析,教育者可以更全面地了解学生的学习情况,有针对性地改进教学方法和教育内容,从而提高教育质量和学生的学习效果。这对于教育领域的不断进步和创新至关重要。

第四节 跨学科培训与团队建设

跨学科培训与团队建设密切相关，它们共同促进了跨学科合作和综合性问题解决能力的提高。跨学科培训强调了不同领域专业知识的整合和交流，培养了跨学科思维和技能。这种培训不仅有助于个体的综合素质提升，还为团队建设提供了有力支持。在团队建设方面，跨学科培训可以促进多元性和协作性。团队成员来自不同的学科背景，拥有各自的专业知识和技能，这种多元性有助于提出创新性的解决方案。跨学科培训也强调了协作和沟通的重要性，培养了团队合作的能力。跨学科培训还可以促进问题解决和决策制定的综合性思考。团队成员可以结合各自的专业知识，共同分析和解决复杂的问题，提高了决策的质量和效率。

跨学科培训与团队建设相辅相成，共同推动了综合性问题解决能力的提高。它们有助于培养具有跨学科思维和协作能力的专业人才，为解决复杂的社会问题和推动创新提供了坚实的基础。

一、跨学科培训的重要性与方法

跨学科培训在今天的教育中具有重要性。跨学科培训有助于打破学科壁垒，促进不同学科领域之间的合作与交流。这种合作可以推动知识的创新与整合，培养学生更全面的思维和解决问题的能力。跨学科培训有助于应对复杂的现实问题。许多社会问题和挑战都不仅仅属于一个学科领域，而是跨越多个领域的。通过跨学科培训，教育可以更好地培养学生的综合素养，使他们能够综合运用不同领域的知识解决复杂的问题。

跨学科培训有助于培养学生的创新精神。不同学科的交叉融合可以激发新的思考方式和创新思维，帮助学生更好地应对未来的职业和社会挑战。跨学科培训可以采用多种方法，包括跨学科课程、团队项目、实际问题解决等。关键在于促进不同学科领域之间的合作与互动，鼓励学生综合运用知识和技能，培养他们的跨学科思维和能力。这样的培训有助于学生更好地适应多变的现实世界和未来挑战。

(一)培训需求

专业人士在跨学科合作中需具备多方面技能和知识,以解决现实世界的挑战。他们需要拥有深厚的领域专业知识,以便理解和分析问题的复杂性。跨学科合作需要卓越的沟通和团队合作技能,以促进不同学科之间的交流和合作。具备创新思维和问题解决能力是必要的,因为跨学科合作通常涉及独特和复杂的挑战。专业人士还需要开放的心态和学习意愿,以不断适应不同学科的方法和观点,从而更好地应对现实世界的多样性和复杂性挑战。这些技能和知识的综合运用有助于实现有意义的跨学科合作,解决现实世界的复杂问题。

(二)培训内容

跨学科培训的核心内容包括跨学科沟通、问题解决和协作技能等方面的要素。这些内容对于培养学生的跨学科能力和全面素质至关重要。跨学科沟通是一项关键的技能,它涉及在不同学科领域之间有效地传递信息和理解概念。学生需要学会用适当的术语和语言与其他领域的专家进行交流,以便更好地合作解决跨学科问题。培训内容可以包括学科特定的词汇和概念,以及如何解释和传达这些概念给非专业人士。问题解决能力是跨学科培训的核心。学生需要学会识别和分析复杂的问题,同时能够应用各种学科的知识和方法来找到解决方案。这包括培养批判性思维、逻辑推理和独立思考的能力,以便更好地应对跨学科挑战。协作技能也是跨学科培训不可或缺的一部分。学生需要学会与来自不同学科背景的人合作,共同工作解决问题。这包括团队合作、有效的沟通、决策制定和冲突解决等方面的技能。培训内容可以包括团队项目、模拟跨学科工作场景以及协作技能的训练。跨学科培训的核心内容涵盖了跨学科沟通、问题解决和协作技能等多个方面。这些内容有助于培养学生的综合能力,使他们能够更好地应对复杂的现实问题和挑战。

(三)培训方法

多样的培训方法对于提高体育教育师资质至关重要。工作坊是一种常见的培训方式,它通过集中时间和资源,提供专业知识和实践技能的培训。工作坊通常由专业教育者和领域专家主持,可以深入学习特定主题或技能。模拟演练是一种实际操作的培训方法,通过模拟真实情境来让体育教育者获得经验。这种方法可以帮助教育者应对各种挑战，提高应对复杂情况的能力。

虚拟培训是近年来发展迅猛的培训方式，它利用在线平台和虚拟环境为体育教育者提供培训内容。这种方法具有灵活性，可以适应不同地理位置和时间表的需求，同时也提供了多媒体、互动和自主学习的机会。跨学科团队项目是一种将不同学科领域的专家和教育者汇集在一起，共同解决复杂问题和挑战的培训方式。这有助于体育教育者与其他领域的专业人士合作，推动跨学科知识的交流和应用。多样的培训方法为体育教育者提供了不同的学习机会和体验，帮助他们不断提升自己的教育技能和知识水平。这有助于培养更具创新能力和适应性的教育者，更好地满足学生的需求和应对不断变化的教育环境。

二、团队建设与跨学科合作

团队建设与跨学科合作是当今教育和工作领域中至关重要的方面。团队建设强调协作、信任和共同目标的重要性，而跨学科合作则强调不同领域的专业知识和观点的融合。团队建设有助于培养学生和工作人员的合作能力和沟通技巧。通过合作解决问题和完成任务，团队成员学会互相支持、倾听和分享资源。这种经验有助于培养团队精神，提高工作效率，同时也增强了个体的社交技能。

跨学科合作则强调了不同学科领域之间的合作。它鼓励人们跨足领域的界限，将多样的知识和技能汇集在一起，以应对复杂的问题。这种合作可以激发创新思维，促进新的发现和解决方案的出现。团队建设和跨学科合作是促进个人和组织发展的关键要素。通过这两者的结合，可以培养具有广泛技能和深度知识的个体，有助于应对日益复杂和多样化的挑战。这不仅在教育领域有益，也在各种行业和领域中推动了创新和进步。

（一）团队建设的重要性

团队建设在跨学科合作中扮演着至关重要的角色。它促进了不同领域专家之间的协作和合作，使他们能够集思广益，共同解决复杂的问题。团队建设还有助于创造性思维的融合，从而推动创新的发生。团队成员之间的相互作用和互动可以激发新的想法和方法。团队建设可以提高工作效率，通过有效的协同工作，任务分工和沟通，减少重复努力和时间浪费。总之，团队建设是跨学科合作的重要组成部分，它有助于实现协同创新和高效问题解决。

（二）跨学科团队动态

跨学科团队具有独特的特点和挑战，其中包括不同学科背景的成员、沟通障碍和冲突解决等方面。跨学科团队的成员通常来自不同的学科领域，拥有各自的专业知识和方法论。这种多样性可以为问题解决提供不同的角度和创新的可能性，但也可能导致理解和协作方面的困难。成员可能使用不同的术语和概念，需要时间来协调和融合各自的观点。沟通障碍是跨学科团队面临的常见挑战之一。由于成员来自不同的学科领域，他们可能使用不同的语言和术语，这可能导致误解和沟通不畅。有效的跨学科沟通需要培养共同的理解和交流方式，以确保信息的准确传递和共享。

冲突解决也是跨学科团队需要面对的问题。不同学科背景的成员可能在方法、理论和价值观方面存在分歧，这可能导致冲突和分歧。团队需要具备解决冲突的技能，包括倾听、妥协和协商，以便更好地合作达成共识。跨学科团队具有多样性和创新的潜力，但也伴随着沟通障碍和冲突解决等挑战。有效的团队合作需要成员之间的互相理解和协作，以克服这些挑战并取得成功。

（三）协作技巧和工具

培养跨学科团队的协作技巧至关重要，特别是在教育领域。建立明确的团队目标和期望。在开始任何跨学科团队项目之前，明确定义项目的目标和每位成员的角色是非常关键的。这有助于确保每个团队成员都了解他们的任务，并明白项目的整体目标。提供培训和培训机会。协作和团队合作技能可以通过培训和培训来提高。这包括培训成员如何有效地沟通、解决冲突、分配任务以及使用协作工具等。利用在线协作平台和项目管理工具。现代技术提供了许多工具，可以促进跨学科团队的协作。这些工具包括在线会议平台、云存储、项目管理应用等。它们可以帮助团队成员协调工作、共享资源和信息，并跟踪项目进展。鼓励开放的沟通和信息分享。在跨学科团队中，开放和诚实的沟通非常重要。团队成员应该感到自由，可以分享想法、问题和建议，以促进更好的协作。定期评估和反馈。团队应该定期评估他们的进展，以确保他们朝着项目目标前进。提供定期的反馈和改进机会，以帮助团队成员不断改进他们的协作技能。可以培养跨学科团队的协作技巧，并使用适当的工具来支持协作，从而确保项目的成功和有效的团队合作。这对于解决复杂问题和应对多学科挑战非常关键。

第五节　教育研究与实践经验分享

教育研究与实践经验的分享对于教育领域的发展至关重要。分享经验可以帮助教育工作者共同成长，改进教育方法，提高教学质量。分享经验有助于建立教育社区。教育工作者、研究人员和教育管理者可以通过分享他们的研究成果和实践经验，建立一个共同的平台，促进交流和合作。这有助于形成一个积极的学习生态系统，推动教育领域的创新和进步。分享经验可以提供实际问题的解决方案。教育工作者在实际教学中面临各种挑战，分享他们的经验可以为其他人提供解决问题的思路和方法。这有助于改善教学质量，提高学生的学习成果。分享经验可以促进跨学科合作。教育领域涉及多个学科，通过分享经验，不同领域的专家可以相互借鉴，共同探讨复杂问题。这种合作有助于创新和发展跨学科研究。分享经验可以激发创新思维。教育工作者可以了解到其他人的教学方法和研究成果，从中汲取灵感，尝试新的教育策略和方法。这有助于不断改进教学，适应不断变化的教育环境。

分享经验有助于建立专业发展网络。通过与其他教育从业者建立联系，教育工作者可以获得支持和反馈，共同追求职业发展目标。这种网络有助于扩大自己的影响力和资源，推动个人和领域的发展。教育研究与实践经验的分享对于教育领域的提升至关重要。它有助于建立社区、解决问题、促进合作、激发创新思维，同时也有助于建立专业发展网络，共同推动教育领域的发展和进步。

一、教育研究与实践的关系

教育研究与实践之间存在密切的关系，它们互相支持和促进着教育领域的发展。教育研究提供了理论和实践基础，为教育实践提供了有效的指导和决策支持。教育研究通过系统性的调查、分析和实验，帮助教育者理解教育过程和效果。这种理论基础有助于教育者更好地规划和设计教育课程，制定教育政策，并优化教育实践。教育研究通过产生新的知识和见解，推动了教育领域的创新和改进。研究结果可以帮助发现教育中存在的问题，并提供解决方案。这有助于提高教育质量和学生的学习成果。教育研究还促进了教育实践的反思和改进。教育者可以通过研究结果来评估自己的教育实践，不断改进教育方法和策略，以更好地满足学生的需求。教育研究与实践的紧密联系有助于建立一个循环的反馈机制，不断提升教育领域的发展水平。研究者和从业者之间的合作与交流促进了知识的共享和传播，有助于推动教育领域的不断进步。教育研究和实践是相辅相成的，它们共同推动着教育领域的发展和改进，为提供更高质量的教育提供了坚实的基础和指导。

（一）研究与实践的互动

教育研究与教育实践之间存在着密切的互动关系，彼此相辅相成。教育研究为教育实践的改进提供了理论支持和实证数据。研究者通过研究教育问题，提出新理论和测试教育策略，可以为教育实践提供更有效的方法和指导，促进学生的学习成果。同时，教育实践也为研究提供了宝贵的实际数据和情境，研究者可以在实地环境中验证其理论，从而加深对教育问题的理解。教育研究的结果可以直接反映到教室和学校中，有助于改进教育教学方法、课程设计和评估方式。教育实践为研究提供了具体案例和实际问题，使研究更加贴近实际需求，确保研究成果的实用性和可操作性。教育研究和教育实践是相辅相成的，通过互动合作，它们共同推动着教育领域的不断进步和发展。研究为实践提供支持和指导，实践为研究提供实际数据和问题情境，共同促进着教育质量的提高。

（二）教育研究方法

教育研究中常用的方法和工具多种多样，包括问卷调查、案例研究、实验设计等，它们为研究人员提供了不同的途径来收集和分析教育数据，以深入了解学习和教育的过程。问卷调查是一种广泛应用的研究方法，通过设计调查问卷来收集大量信息，包括学生的看法、态度和背景信息。问卷调查可以用于横断面研究和纵向研究，帮助研究人员了解受访者的看法和观点。案例研究是一种深入挖掘特定情境或个体的研究方法。研究人员通过详细分析特定案例来获取深刻的理解，揭示背后的因果关系和互动。案例研究常用于教育政策、课程设计和教育实践的研究。

实验设计是一种控制变量的方法，通过对比实验组和对照组的表现来测试假设。实验通常包括独立变量和因变量的定义，以便进行因果关系的分析。实验设计可用于评估教育干预措施的效果和影响。许多教育研究也使用质性研究方法，如焦点小组讨论、深度访谈和内容分析，以获取深刻的定性数据和理解教育问题的复杂性。教育研究的方法和工具多种多样，研究人员可以根据研究问题和目标选择合适的方法来进行研究，以便更好地理解和改进教育实践。

（三）实践问题的研究

将教育实践中的问题转化为研究课题并为实践提供解决方案是一种重要的方法，有助于不断改进教育领域的实践。识别实际问题。教育实践中的问题通常源自教师和学生的经验，需要仔细观察和分析。这可能包括学生学习困难、教学方法的不适应、教育资源的缺乏等。在实际问题的基础上，明确问题的范围和影响。研究相关文献。查阅现有研究和文献，了解是否已经有关于问题的研究。这可以帮助确定已有解决方案，以及哪些方面需要更深入的研究。制定研究问题。根据实际问题和文献综述，明确定义研究问题。这个问题应该明确、具体，能够为解决问题提供方向。

进行研究设计。选择适当的研究方法和数据收集工具，以回答研究问题。这可能包括实地调查、观察、问卷调查或实验等方法。进行数据分析和解释。收集并分析数据，以获取关于问题的深入了解。数据分析应该依据研究问题和方法，以提供有关问题解决方案的见解。提出解决方案。基于研究结果，提出可行的解决方案，并根据研究的证据进行支持。这些解决方案应该能够应用到实际教育实践中，以解决问题并改进教学质量。将教育实践问题转化为研究课题需要仔细的计划和方法，但它可以为教育界提供宝贵的见解和改进教育实践的机会。通过将研究和实践紧密结合，可以更好地满足学生和教育领域的需求。

二、教育研究与实践的成功经验分享

成功的教育研究与实践经验的关键在于持续的创新和适应性。要关注学生的需求,不断调整课程和教学方法,以满足不断变化的教育环境。建立积极的学习氛围,鼓励学生思辨、合作和解决问题的能力。教师应充分利用技术和多媒体资源,以提供多样性和互动性的学习体验。重视评估和反馈,以确保教育目标的实现,同时也为进一步改进提供了机会。成功的教育研究与实践需要不断反思和改进,以适应不断发展的教育需求和趋势。

(一)技术整合

教育技术在教育研究与实践中的应用已经产生了深远的影响。在线教育平台为研究者提供了丰富的教育数据来源。研究者可以分析学生的在线学习行为,包括学习时间、点击行为、作业完成情况等,从而深入了解学生的学习习惯和需求。这些数据为教育研究提供了宝贵的实证基础,有助于研究学习过程、个性化教育和在线教育的有效性。虚拟实验室为科学和工程领域的研究者提供了独特的实验环境。研究者可以在虚拟实验室中进行各种实验,而无须依赖昂贵的实验设备和实验室空间。这不仅降低了研究成本,还提高了实验的可控性和可重复性。虚拟实验室也为学生提供了更丰富的实验体验,有助于他们更好地理解科学原理和技术应用。教育数据分析工具已经成为教育研究和实践的重要工具。这些工具可以分析大规模教育数据,揭示学生的学习模式和趋势。研究者和教育者可以利用这些工具来制定个性化的教育方案,识别学生的弱点并提供有针对性的支持。教育数据分析也有助于监测和改进教育政策和实践,以提高教育系统的效率和公平性。教育技术在教育研究与实践中的应用为教育领域带来了前所未有的机会和挑战。它不仅丰富了研究方法和教学手段,还提高了教育的质量和效率。随着技术的不断进步,我们可以期待教育技术在未来继续发挥更大的作用,推动教育领域的不断创新和改进。

(二)学生参与和反馈

学生参与教育研究与实践对于改进教育至关重要。他们提供独特的视角和经验,有助于深入了解教育问题。收集学生反馈的方法包括匿名调查、焦点小组和个别访谈。学生的声音可以揭示教学不足、需求和潜在改进点。利用这些反馈，教育者可以精心调整课程、教学方法和资源，提高学习体验和成果。学生的参与不仅增强了教育研究的深度，也增进了对学生需求的理解，有助于构建更有益的教育环境。

三、教育研究与实践的未来发展

教育研究与实践的未来将面临激动人心的机遇与挑战。跨学科合作将更加普遍，教育领域将与科技、心理学、社会学等领域紧密结合，以创新教学方法和解决复杂问题。个性化学习将成为主流，通过技术和数据分析，教育将更好地满足学生的独特需求。教育将更加注重可持续发展和社会责任，强调培养未来领袖和问题解决者。未来的教育研究与实践将努力应对这些变革，以塑造更具包容性、创新性和可持续性的教育体系。

（一）全球化和国际合作

国际合作在教育研究与实践中具有重要作用，有助于解决全球性教育挑战并促进最佳实践的共享。国际合作还为教育研究提供了更广泛的研究对象和数据来源。研究者可以比较不同国家和地区的教育体系、政策和成果，从而深入探讨全球性教育趋势和影响因素。这有助于更好地了解全球教育挑战，例如教育不平等、学习差距和教育质量问题，为其寻找解决方案提供了更多的参考。

国际合作还促进了最佳实践的共享。这种经验交流有助于提高教育质量、创新教育方法以及提供更好的学习机会。国际合作在教育研究与实践中扮演了重要的角色，有助于解决全球性教育挑战，提高教育质量，并促进最佳实践的共享。通过跨国界的协作，我们可以更好地理解和改进教育体系，为全球教育的可持续发展作出贡献。

（二）教育平等和多样性

通过研究与实践推动教育平等和多样性是关乎社会公平的重要使命。研究应关注不同背景学生的需求和挑战，了解他们的学习差异。实践中的教育者应采用多样性友好的教学方法，鼓励包容性和互相尊重的学习环境，以满足各种学生的需求。教育政策也应支持平等和多样性，提供公平的资源分配和多元化的教育机会。通过这种综合性的研究和实践，我们可以确保每个学生都能获得优质、平等和多样化的教育。

参考文献

[1] 夏越. 现代高校体育教学研究 [M]. 北京：北京理工大学出版社，2019.01.

[2] 谢宾，王新光，时春梅. 高校体育教学与运动训练研究 [M]. 吉林人民出版社，2021.10.

[3] 王丽丽，许波，李清瑶. 教育技术在高校体育教学中的实践探索 [M]. 吉林人民出版社，2021.06.

[4] 马鹏涛. 高校体育教学改革创新与科学化训练研究 [M]. 北京：新华出版社，2018.03.

[5] 周春娟. 高校体育教学的影响因素分析与改革探索 [M]. 青岛：中国海洋大学出版社，2018.12.

[6] 周遵琴. 高校体育教学改革与发展 [M]. 成都：电子科技大学出版社，2015.07.

[7] 米靖. 体育教育训练学概论 [M]. 北京：北京体育大学出版社，2012.

[8] 魏纯镭，毛军平. 体育教育与文化 [M]. 北京：北京体育大学出版社，2010.

[9] 周绍忠，岑汉康. 体育心理学 [M]. 台北：亚太图书出版社，2000.

[10] 杨芳等. 体育教育与人的发展 [M]. 北京：北京体育大学出版社，2009.

[11] 刘清黎. 体育教育学 [M]. 北京：高等教育出版社，1994.

[12] [美] 爱德华等. 体育教育的组织与管理 [M]. 张小玲等译. 武汉：武汉体育学院教务处，1988.

[13] [苏] 格. 依. 库库什金. 体育教育理论 [M]. 章祖愈译. 沈阳：东北师范大学教务处教材科，1955.

[14] 商虹. 体育心理学 [M]. 成都：西南交通大学出版社，2010.

[15] 翁惠根. 体育教育改革与探索 [M]. 杭州：浙江大学出版社，2005.

[16] 国家体委科教司. 现行高等体育教育文件选编 [M]. 北京：北京体育学院出版社，1993.

[17] 季浏，胡增荦. 体育教育展望 [M]. 上海：华东师范大学出版社，2001.

[18][苏] 列. 巴. 马特维也夫. 体育理论与方法 [M]. 姚颂平等译. 北京：北京体育大出版社，1994.

[19] 张少生，邱永红. 对学校体育教学指导思想的研究 [J]. 体育师友，1999（2）.

[20] 柏慧敏. 大学体育教育理论教程 [M]. 上海：上海大学出版社，2004.

[21] 程文广. 中国近现代体育思想及体育教育发展论纲 [M]. 北京：北京体育大学出版社，2007.

[22] 邵伟德. 体育教学模式论 [M]. 北京：北京体育大学出版社，2005.11.

[23] 郝勤. 体育史 [M]. 北京：人民体育出版社，2006.

[24] 王辉. 影响大学生体质测试的因素及对策研究 [J]. 体育文化导刊，2012（9）.